数字时代的公共图书馆管理研究

秦羽◎著

时代文艺出版社
SHIDAI WENYI CHUBANSHE

图书在版编目（CIP）数据

数字时代的公共图书馆管理研究 / 秦羽著. -- 长春:
时代文艺出版社, 2024.1
ISBN 978-7-5387-7369-9

Ⅰ. ①数… Ⅱ. ①秦… Ⅲ. ①数字图书馆－公共图书
馆－图书馆管理－研究 Ⅳ. ①G250.76

中国国家版本馆CIP数据核字(2024)第015601号

数字时代的公共图书馆管理研究
SHUZI SHIDAI DE GONGGONG TUSHUGUAN GUANLI YANJIU

秦羽 著

出 品 人：吴 刚
责任编辑：卢宏博
装帧设计：文 树
排版制作：隋淑凤

出版发行：时代文艺出版社
地 址：长春市福祉大路5788号 龙腾国际大厦A座15层 （130118）
电 话：0431-81629751（总编办） 0431-81629758（发行部）
官方微博：weibo.com/tlapress
开 本：710mm×1000mm 1/16
字 数：226千字
印 张：15.25
印 刷：廊坊市广阳区九洲印刷厂
版 次：2024年1月第1版
印 次：2024年1月第1次印刷
定 价：76.00元

图书如有印装错误 请寄回印厂调换

前　　言

　　数字时代的来临，如同一股涌动的潮流，深刻地塑造着我们社会的方方面面。在这场不可逆转的革命中，公共图书馆作为知识的守护者和文化的传承者，其角色与使命也随之经历深刻的变革。本研究旨在深入剖析数字时代下公共图书馆管理的多个层面，审视其在信息科技飞速发展的背景下所面临的机遇与挑战。

　　数字时代，信息在瞬息万变之间快速流动，成为塑造社会形态的关键元素。公共图书馆不再仅仅是书籍的仓库，更是信息的枢纽，连接着知识与需求的桥梁。在这个大数据、人工智能时代，公共图书馆需要重新思考其存在的价值和作用，以更好地满足社会的多样化需求。

　　本研究将深入挖掘数字时代公共图书馆管理的复杂性，从数字化转型到资源管理，从读者服务到图书馆员的角色，再到数字技术的应用和版权保护等方面进行系统地研究。通过对这些方面的深入剖析，我们旨在揭示数字时代公共图书馆管理的本质，为其在迅猛发展的信息社会中找到可持续的发展路径提供理论和实践的支持。

　　在研究的过程中，我们将借鉴国际上一些成功的经验，同时关注国内各类图书馆在数字时代所取得的创新成果。通过对实际案例的深入分析，我们希望能够为公共图书馆提供切实可行的建议，引领它们更好地适应数字时代的潮流，为社会的进步贡献力量。

此次研究不仅仅是对公共图书馆的一次深度探讨，更是对数字时代知识组织和传播方式的全面思考。我们相信，通过这项研究，可以为公共图书馆在数字时代的管理实践提供有力的理论支持，也为学术界在这个领域的研究提供新的视角和思路。希望本研究能够推动行业朝着更为科学、开放和创新的方向发展。

目　录

第一章　导论

第一节　研究背景与意义

一、背景介绍

数字时代的迅猛发展催生了信息爆炸的时代，引领着人类社会步入一个全新的篇章。在这个浩瀚的信息海洋中，公共图书馆作为知识传承的重要阵地，正面临前所未有的机遇与挑战。传统的图书馆管理模式和服务理念在数字化的潮流中亟须重新审视和调整，以适应信息社会快速变迁的节奏。

首先，数字时代的兴起源于信息技术的快速发展，这一发展不仅改变了人们的生活方式，也深刻地塑造了人们获取信息的新途径。随着互联网的普及和数字技术的革新，信息已不再受限于实体载体，而是以数字形态自由流动。这使得公共图书馆不再仅仅是纸质书籍的仓库，而是需要更加灵活地整合、管理和传播多媒体、多格式的信息资源。这一转变首先对图书馆的信息组织和存储提出了全新的要求，不仅需要更先进的技术手段，更需要更加智能化的管理系统。

其次，数字时代给公共图书馆带来了前所未有的机遇，尤其体现在服务理念的变革上。公共图书馆不再仅仅是提供阅读场所和借阅服务，更要成为知识的创造者和社区的文化中心。数字时代为公共图书馆提供了更多元的服务可能性，包括但不限于虚拟现实的应用、在线学习资源的提供、社区文化活动的组织等。这一切不仅能够更好地满足读者的多样化需求，同时也为公共图书馆注入了新的活力和使命。

再次，面对数字时代的变革，公共图书馆也面临着一系列的困境与挑战。信息的爆炸性增长带来了信息过载的问题，如何有效地过滤、分类和传递信息成为亟待解决的难题。此外，随着数字化服务的推广，隐私保护、信息安全等问题也显得尤为重要。图书馆需要在迎接数字化带来的便利的同时，也要保障用户的信息安全和个人隐私，这对图书馆的管理和技术水平提出了更高的要求。

最后，数字时代公共图书馆的未来发展趋势仍不明朗，需要在变革中不断探索。面对数字时代的机遇与挑战，公共图书馆需要积极拥抱变革，深化服务理念，更新管理模式，以更好地履行其知识传承和文化传播的职责。本研究旨在深入探讨数字时代公共图书馆管理的方方面面，希望能够为公共图书馆在数字时代的转型与发展提供有益的理论和实践支持。

二、数字时代对公共图书馆的影响

在数字时代的潮流中，公共图书馆作为知识传承和文化传播的主渠道，受到了影响，其运作模式、服务理念以及在社会中的定位都经历了巨大的变革。

（一）社会信息结构的变革

数字时代的兴起导致了社会信息结构的根本性变化。传统的信息传播主要依赖于印刷媒体，而数字时代则催生了互联网、社交媒体等新型信息传播平台。社会信息呈现出多样、广泛、即时的特征，这使得公共图书馆面临着更为复杂的信息环境。首先，大量的数字信息涌入，要求图书馆在收集、整理、分类和传播这些信息方面具备更高效、更智能的能力。其次，信息的碎片化使得用户获取信息的途径更为多样，公共图书馆需要更灵活地适应用户的信息获取习惯。这一点不仅要求图书馆提供更为多元的数字化资源，同时也需要加强与其他信息机构的协作，形成资源共享、互补的格局。

（二）用户信息需求的多样化

数字时代带来了用户信息需求的多元化趋势。用户不再满足于传统意义上的书籍借阅，他们更追求个性化、定制化的服务。首先，用户对多媒体和跨媒体的需求不断增长，数字时代要求公共图书馆更广泛地涵盖音频、视频、图像等多样化的文献形态，以满足用户在不同情境下的信息需求。其次，用户参与性的提升也对图书馆的服务模式提出了新的挑战。数字时代使得用户不再是信息的被动接收者，而更多地参与到信息创造、传播和共享的过程中。公共图书馆需要通过社交媒体、在线协作工具等平台，与用户形成更为紧密的互动关系，及时了解用户的需求，提供更加个性化的服务。

（三）数字化技术对图书馆服务模式的颠覆

数字化技术的广泛应用使得图书馆的服务模式发生了深刻的颠覆。首先，数字时代促使公共图书馆实现了线上线下一体化服务。数字化技术使得用户可以随时随地通过互联网获取图书馆的资源，而不再受制于实体馆藏的局限。其次，数字化技术提高了服务的智能化水平。借助人工智能、大数据分析等技术，公共图书馆可以更好地了解用户的阅读习惯，预测用户的需求，提供更为智能、精准的服务。此外，数字技术还带来了虚拟现实、增强现实等新型技术的应用，为图书馆提供更具沉浸感和互动性的服务形式。

（四）为后续研究提供深刻的背景认知

深入分析数字时代对公共图书馆的这些影响，不仅为当前图书馆的运作提供了启示，也为后续研究提供了深刻的背景认知。这一分析不仅涉及技术层面，更涵盖了社会学、心理学、信息科学等多个领域。通过全面理解数字时代的社会背景，我们可以更好地把握公共图书馆在社会中的定位，为其更好地适应社会变革提供理论支持。

第二节　研究目的与方法

一、研究目的

数字时代背景下，公共图书馆的管理面临着日益复杂的挑战和巨大的机遇。为深入探讨这一课题，本研究明确以下核心目标，旨在为公共图书馆在数字时代更好地定位和发展提供理论指导。

（一）提升服务质量

数字时代的公共图书馆不仅要面对信息爆炸和用户需求多样化的挑战，更需要在服务质量上实现更高的期望。首要目标是通过引入先进的技术手段，提高图书馆服务的智能化水平。这包括利用大数据分析和人工智能技术，深入了解读者的阅读喜好，为其提供更为个性化的推荐服务。同时，通过数字化技术的应用，提高图书馆的办事效率，使服务更为便捷、高效。其次，加强在线服务，打破地域限制，让读者能够随时随地享受到图书馆的服务。通过这一目标，本研究旨在为公共图书馆提供提升服务质量的具体实践方案。

（二）适应技术变革

数字时代的技术变革呈现出高速发展的趋势，公共图书馆需要不断更新自身的技术基础，以适应这一变革。首先，本研究将探讨如何整合人工智能、大数据、云计算等前沿技术，使其成为图书馆服务的有力支撑。其次，深入研究新型数字技术在图书馆管理、资源整合和读者服务中的应用，以推动图书馆在技术层面的创新。通过这一目标，本研究力求为公共图书馆在数字时代的技术应用提供前瞻性的战略建议。

（三）满足读者需求

数字时代的读者需求变得更为多元化和个性化，公共图书馆需要更灵活地满足这些需求。首先，深入研究不同群体的阅读行为和需求，为图书馆提供更有针对性的服务。其次，通过引入虚拟现实、增强现实等技术，创新图书馆的服务形式，提高读者的参与度和体验感。通过这一目标，本研究致力于为公共图书馆提供更贴近读者需求的战略性方案。

（三）为研究提供清晰的方向和指导

通过明确以上目标，本研究旨在为后续研究提供清晰的方向和指导。首先，通过深入研究服务质量提升、技术变革和满足读者需求的案例分析，为其他研究提供实证支持。其次，通过综合不同领域的理论框架，形成关于数字时代公共图书馆管理的综合性理论体系，为后续学术研究提供理论参考。最终，通过总结研究的结论和启示，为实际公共图书馆管理提供可行性建议，更多的实践探索和创新。

二、研究方法

在深入研究数字时代公共图书馆管理的复杂性和多层面特征时，本研究将采用多种方法，旨在全面、深入地了解实际情况，确保研究的全面性和可靠性。

（一）文献综述

文献综述是研究的起点，将首先对数字时代公共图书馆管理领域的相关文献进行全面梳理。通过收集和归纳已有研究成果，我们可以建立对该领域的整体认识，明确前人研究的重点、不足和争议点。这有助于为后续研究提供理论框架和基础，同时能够确定研究的创新点和深入探讨的方向。文献综述的广度和深度将确保研究立足于前沿学术领域，具备较高的学术价值。

（二）案例分析

案例分析将成为研究的重要组成部分。通过对国内外成功经验和失败案例的深入剖析，我们可以获取实践中的经验教训，理解数字时代公共图书馆管理的具体运作情况。首先，选择代表性的数字时代公共图书馆案例，对其发展历程、管理模式、技术应用等方面进行详尽的梳理和分析。其次，通过对不同案例的比较研究，找出成功案例的共性和失败案例的教训，形成一系列关于数字时代公共图书馆管理的最佳实践和警示性建议。案例分析的深度和广度将为研究提供直观、实证的支持，具备较高的实践指导价值。

（三）实地调研

为了更好地了解数字时代公共图书馆的实际运作情况，我们将进行实地调研。首先，选择具有代表性的公共图书馆，包括不同规模、地域、发展阶段的馆藏。其次，通过访谈图书馆管理者、工作人员以及部分读者，深入了解数字时代管理中面临的问题、解决方案以及用户的反馈。同时，观察图书馆内部运作、数字化技术的应用情况，收集实际数据以支持研究的深入性和实证性。实地调研将为研究提供直接的实践观察，增加研究结果的可信度和针对性。

（四）数据分析

在获取丰富的数据后，我们将采用统计学和定性分析相结合的方法，对数据进行深入剖析。首先，通过量化分析，我们可以揭示数字时代公共图书馆管理中的一些普遍规律和趋势。其次，通过定性分析，深入理解数据背后的含义，挖掘隐藏在数字背后的用户需求、管理问题等信息。通过数据分析，我们将为研究提供更为具体、有力的支持，使研究结果更具说服力和实际应用性。

通过以上研究方法的有机结合，本研究将从不同维度、多个层面全面深入地了解数字时代公共图书馆管理的实际情况，为后续研究提供深刻的理论指导和实证支持。

第三节　研究内容与结构

一、研究内容概要

数字时代公共图书馆管理的深入研究涉及多个方面，包括数字化转型、资源管理、读者服务、图书馆员角色、数字技术应用和版权保护等。本研究旨在全面深入地分析这些关键领域，为公共图书馆在数字时代的转型和发展提供全面的理论指导和实践支持。

（一）**数字化转型**

数字化转型是数字时代公共图书馆不可避免的发展趋势，本研究首先将深入研究数字化转型的意义、影响和实现路径。分析公共图书馆在数字时代应如何整合数字技术，使馆藏资源数字化、信息服务智能化，提升图书馆在数字时代的可持续竞争力。此部分将从技术、管理和用户体验等角度，全面剖析数字化转型对公共图书馆的影响。

（二）**资源管理**

资源管理是数字时代公共图书馆运作的核心，包括对实体和数字化资源的管理。研究将聚焦如何高效地获取、整合、保存和利用不同形式的资源，涵盖图书、期刊、多媒体资料等。通过对国内外图书馆资源管理的成功经验和问题的深入研究，提出优化资源管理的具体方法和策略。此外，考虑到数字时代信息爆炸的挑战，还将探讨信息筛选和分类的创新方法，以更好地满足读者的需求。

（三）**读者服务**

读者服务是公共图书馆存在的核心价值之一。本研究将深入研究数字时代下，如何更好地满足读者的多样化需求。包括但不限于引入虚拟现实、增强现实技术，打破空间限制，提供更丰富的在线服务；分析读者行为和偏好，优化阅读体验；研究如何通过社交媒体等渠道与读者建立更紧密的互动关系，提升服务质量。

（四）图书馆员角色

数字时代要求图书馆员具备新的职业素质和技能。研究将探讨数字时代图书馆员的职责、能力要求以及如何通过培训与素质提升适应数字时代的挑战。此外，研究还将考察图书馆员在数字化转型中的角色变化，从传统的信息提供者演变为知识服务的引导者。

（五）数字技术应用

数字技术是数字时代公共图书馆不可或缺的工具。研究将对数字技术的演变进行追溯，并深入分析人工智能、大数据、云计算、物联网等技术在公共图书馆中的应用前景。重点研究这些技术如何改变图书馆服务模式、优化管理流程，为用户提供更智能、便捷的服务。

（六）数字化版权保护

在数字时代，数字化版权保护是公共图书馆不可忽视的问题。研究将从数字化版权保护的重要性、现状和面临的挑战入手，深入研究加强数字化版权保护的措施，以确保图书馆在数字时代的信息传播合法合规。

通过对这些方面的深入研究，本研究旨在为公共图书馆在数字时代的全面管理提供理论指导和实践建议，促进图书馆更好地适应社会变革，为读者提供更优质的服务。

二、结构概述

本研究将按照以下结构组织，全面深入地探讨数字时代公共图书馆管理的各个方面，为读者提供清晰的研究脉络和深入阅读各章节的指导。

第一章介绍数字时代兴起的背景和对公共图书馆管理的影响，引出数字时代公共图书馆管理研究的重要性和意义；确定研究的核心目标，包括服务质量提升、技术变革应对、读者需求满足；详细介绍采用的研究方法，包括文献综述、案例分析、实地调研和数据分析；概述研究的主要内容，包括数字化转型、资源管理、读者服务、图书馆员角色、数字技术应用和版权保护等多个方面。

第二章探讨数字化转型对公共图书馆的意义和影响；分析数字时代公共图书馆应如何整合数字技术，提升竞争力；研究数字化转型的具体实现路径，包括技术、管理和用户体验等方面。

第三章探讨公共图书馆如何高效地获取、整合、保存和利用实体和数字化资源；分析信息筛选和分类的创新方法，以满足数字时代读者对多样信息的需求。

第四章研究数字时代公共图书馆如何更好地满足读者的多样化需求；探讨引入虚拟现实和增强现实技术，打破空间限制，提供更丰富的在线服务。

第五章分析数字时代图书馆员应具备的新职责和能力要求；探讨图书馆员如何通过培训和素质提升适应数字时代的挑战。

第六章追溯数字技术的演变，深入分析人工智能、大数据、云计算、物联网等技术在公共图书馆中的应用前景；详细研究人工智能、大数据等技术在图书馆管理、资源整合和读者服务中的具体应用前景。

第七章论述数字化版权保护在数字时代的重要性；提出加强数字化版权保护的具体措施，以确保数字化资源的合法使用和知识产权的有效保护。

第八章总结研究的主要发现和结论，概括数字时代公共图书馆管理的关键问题和趋势；回顾研究过程中的局限性和不足之处，如样本选择的有限性、时间跨度的短暂性以及专家访谈的主观性等；展望未来研究的方向，提出进一步深入研究数字化资源管理、图书馆员培训、读者需求变化等方面的前沿问题。

通过以上章节的组织结构，本研究旨在全面剖析数字时代公共图书馆管理的方方面面，为各层次读者提供系统而详尽的研究参考。每一章节都聚焦于特定的主题，通过理论探讨、实证分析、案例研究等多种方法，形成一个有机的体系，为公共图书馆在数字时代的发展提供具体而实用的建议。

第二章　数字时代公共图书馆的变革

第一节　数字时代对公共图书馆的影响

一、技术和社会趋势

在数字时代的潮流中，技术和社会趋势重塑了公共图书馆的面貌。

（一）信息技术的快速发展

1.信息技术的影响

首先，信息技术的飞速发展对公共图书馆的馆藏资源形式产生了深远的影响。传统的纸质媒体逐渐被数字化和在线资源所替代，这不仅意味着馆藏的实质性改变，更意味着信息获取方式的根本性变革。数字化资源具有更大的存储空间和更便捷的检索方式，使得读者能够更轻松地获取所需信息。这种变革不仅仅是技术层面的改变，更是图书馆服务与社会需求匹配的重要策略调整。

其次，数字化资源的引入为公共图书馆与读者之间建立更加直接和多样化的互动提供了机会。通过在线平台，读者可以轻松访问数字化图书、学术期刊、多媒体资料等，极大地拓展了馆藏的范围。同时，公共图书馆也能够通过社交媒体、在线活动等方式更主动地与读者互动，提供个性化的服务。例如，通过社交媒体平台，图书馆可以定期发布推荐书目、举办线上读书会等活动，增加与读者的互动频率，进一步提升服务质量。

在这个过程中，公共图书馆需要积极拥抱数字化资源，不仅要加大数字化馆藏的建设力度，更要调整馆藏管理策略以更好地适应信息技术的发展。图书馆管理者需要思考如何更有效地整合数字化资源，使其更贴近读者需求。这可能涉及建立更智能的检索系统、优化数字资源的分类标准等方面的工作。此外，为了更好地服务读者，公共图书馆还需不断提升员工的数字素养，确保他们能够熟练运用信息技术工具，为读者提供专业、高效的咨询和帮助。

最后，随着信息技术的不断演进，公共图书馆还应积极参与信息传播速度和范围方面的全新定义。这可能涉及与其他图书馆、学术机构以及数字出版商的合作，共同推动数字资源的开发和共享。图书馆可以通过建立数字资源联盟、参与国际合作项目等方式，拓展馆藏的深度和广度，更好地满足读者对多元化信息的需求。

2. 信息技术的趋势

首先，人工智能（AI）的迅猛发展将深刻影响公共图书馆的服务方式和智能化水平。AI 技术的应用不仅限于图书推荐系统，还包括自动化图书馆管理、智能问答系统等方面。智能推荐系统可以通过分析用户的阅读历史和兴趣，为用户提供个性化的推荐书目，从而提高读者满意度。同时，语音识别和自然语言处理技术可以改善信息检索的效率，使用户能够通过语音或自然语言进行检索，提升用户体验。

其次，虚拟现实（VR）技术的逐步成熟将为公共图书馆提供更为丰富的学习和阅读体验。通过虚拟图书馆或虚拟阅览室，读者可以在虚拟环境中进行沉浸式阅读，感受到更真实的图书馆氛围。VR 还可以用于图书馆的远程培训和会议，使图书馆服务更具交互性和参与感。研究 VR 在图书馆中的应用趋势，有助于图书馆更好地利用这一技术提升服务质量，满足读者对创新体验的需求。

最后，自然语言处理（NLP）技术在图书馆服务中的应用将进一步提升图书馆与用户的交流效率。通过 NLP，图书馆可以实现更智能的图书馆助手，能够理解用户的提问并提供准确、快速的回答。此外，NLP 还可以用于文献摘要的生成、文本分类等方面，为图书馆的信息处理和管理提供更高效的工具。研究 NLP 技术在图书馆服务中的应用趋势，可以指导图书馆更好地整合这一技术，提升服务水平。

3. 技术融入服务的重要性

首先，技术融入服务的重要性体现在提高信息传播效率和服务质量方面。随着信息技术的不断发展，公共图书馆可以通过智能化的服务工具更好地理解和满足用户需求。通过分析用户行为和偏好，图书馆可以实现个性化推荐，为读者提供更加精准和贴心的服务。这种智能化的服务不仅提高了用户体验，还有助于引导读者发现更丰富的图书馆资源，推动知识的广泛传播。

其次，自动化的图书馆管理系统是技术融入服务的一项关键应用。自动化系统可以有效简化图书馆的日常运营，包括自动化的借还书服务、数字化的馆藏管理等。这不仅提高了工作效率，也降低了人为错误的风险。通过深入研究这些自动化系统的实际运用，可以更好地了解其在不同图书馆环境中的适用性，为其他图书馆提供借鉴和实施的经验。

此外，在线借还书服务也是技术融入服务的典型应用。通过互联网技术，读者可以随时随地进行图书借阅和归还，不再受制于图书馆的开放时间。这种便捷的服务不仅满足了读者的灵活需求，还提高了图书馆的服务覆盖范围。深入研究在线借还书服务的实际运行情况，可以为其他图书馆在推行类似服务时提供实用的建议和经验。

最后，技术融入服务的重要性还表现在促进图书馆与读者之间更紧密的互动上。通过社交媒体、在线讨论平台等技术手段，图书馆可以与读者进行更直接、实时的互动。这种互动不仅有助于了解读者的反馈和需求，还能够为图书馆提供机会，向读者介绍新资源、推广活动等。通过深入研究这些互动平台的应用，图书馆可以更好地把握与读者互动的良好时机，提高服务的贴近度和针对性。

（二）社交媒体的兴起

社交媒体的普及引领了信息传播方式的全新时代，对公共图书馆提出了挑战，也提供了更广阔的发展空间。

1. 普及与多元化的信息传播

首先，社交媒体的普及对信息传播的多元化和直观化带来了深刻的影响。随着社交媒体平台的广泛应用，信息传播方式发生了巨大的转变。用户不再依赖传统媒体获取信息，而是通过社交媒体平台实时地分享、传播和获取信息。这种实时性不仅丰富了信息源，还加速了信息的传播速度，使公共图书馆面临着更迅速的信息更新和传递的压力。

其次，社交媒体提供了多样化的表达形式，包括文字、图像、视频等，使得信息更为生动直观。用户可以通过图文并茂的方式展示他们的观点、经验和知识，从而实现信息的更加生动化传达。公共图书馆需要认识到这一点，积极探索利用多媒体资源，如图书馆活动的照片、视频，通过社交媒体平台展示馆内的丰富资源，吸引更多读者的关注。

在这一背景下，公共图书馆应该加强对社交媒体的运用，以更好地满足用户对多元化信息的需求。建立并维护图书馆的社交媒体账号，通过发布图书馆活动、馆藏资源推介等内容，与用户建立更紧密的联系。此外，了解社交媒体用户群体的特点和兴趣，有助于图书馆更有针对性地提供信息，满足不同用户的需求。

再次，通过分析用户在社交媒体上的行为，公共图书馆可以深入了解用户的信息需求和兴趣。社交媒体上的用户行为包括信息分享、点赞、评论等，这些行为可作为反馈的重要依据。通过数据分析，图书馆可以发现用户对哪些主题、类型的信息更感兴趣，进而调整和优化信息推送的策略。这有助于提高信息的传播效果，确保传播的信息更符合用户的期望和兴趣。

另外，关注用户在社交媒体上参与的频率和时间分布，可以帮助图书馆制定更具针对性的互动策略。了解用户何时更活跃，可以使图书馆在这些时间段更有针对性地发布信息，提高信息传播的效果。同时，通过与用户的互动，公共图书馆可以更深入地了解用户的需求，为用户提供更贴心、个性化的服务。

最后，公共图书馆在积极参与社交媒体的同时，也需要警惕信息真实性和可信度的问题。社交媒体上的信息传播速度快，但也容易受到不实信息的影响。因此，图书馆需要通过建立可靠的信息筛查机制，确保传播的信息具有可信度和准确性，以维护图书馆的声誉和用户信任。

2. 互动与用户参与的重要性

首先，社交媒体作为信息获取平台的同时，更是用户互动的重要空间。用户通过评论、分享等方式参与到信息传播的过程中，这为公共图书馆提供了丰富的互动可能性。互动不仅使信息传播更加生动和有趣，还能够建立更紧密的图书馆与用户之间的关系。因此，公共图书馆应充分认识互动与用户参与的重要性，通过积极互动实现更有效的信息传播。

其次，公共图书馆需要思考如何通过社交媒体与用户建立更紧密的联系。社交媒体平台提供了直接、实时的沟通途径，图书馆可以通过发布图书馆活动、资源推介等内容，引发用户的兴趣和关注。此外，对用户评论的及时回复和互动，能够增强用户对图书馆的信任感，形成更积极的互动氛围。

通过深入了解其他机构或图书馆在社交媒体平台上的成功经验和面对的挑战，公共图书馆可以汲取借鉴，建立更为有效的互动策略。这可能包括：

在线问答：设置专门的问答时间或主题，回答用户关于图书馆服务、馆藏等方面的问题。这种形式可以直接满足用户的需求，提高用户满意度。

互动活动：通过在社交媒体上举办线上活动，如读书分享、文学讨论、图书推荐等，吸引用户参与。这不仅促进了用户与图书馆的互动，还加强了用户之间的社交。

主题讨论：定期发布有趣的主题，邀请用户在评论区分享自己的看法和经验。这种方式能够拓宽用户视野，促使用户更积极地参与互动，形成用户社群。

通过积极互动，公共图书馆可以更好地了解用户的需求和兴趣，从而调整和优化服务。例如，用户在社交媒体上提出的建议和反馈可以成为图书馆改进服务的有益参考。互动还能够促使用户更加关注图书馆的各项服务和活动，增加他们的参与度，形成更紧密的社区联系。

最后，公共图书馆需要不断分析互动的效果，并根据反馈信息调整互动策略。通过数据分析，了解用户在社交媒体上的活跃程度、互动行为和反馈，有助于图书馆更精准地把握用户需求，提高信息传播的效果。定期评估互动活动的成功与否，对于优化图书馆的社交媒体策略至关重要。

二、变革的必要性

（一）传统管理模式的挑战

1. 信息获取速度和广度的要求

首先，在数字时代，用户对信息的获取速度提出了更高的要求。传统的图书馆管理模式主要依赖于纸质媒体，而这种方式难以满足用户对即时信息的迫切需求。用户习惯了通过互联网即时获取新闻、知识和娱乐内容，传统模式的信息检索速度相对较慢。因此，公共图书馆需要思考如何通过数字化技术和在线平台，提高信息获取的速度，使得用户能够更迅速地获得所需信息。

为了迎合用户的即时需求，公共图书馆可以考虑引入更先进的搜索引擎和检索系统，以提供更快速、准确的搜索结果。同时，优化数字化资源的存储和传输系统，确保用户可以在最短的时间内访问到所需的信息。这可能涉及对硬件设施的升级，以适应数字时代对信息获取速度的迅猛要求。

其次，数字时代用户追求信息获取的广度，希望能够涵盖更多领域和多样化的内容。传统图书馆主要依赖纸质藏书，这在广度上存在一定的局限性。为了满足用户对更广泛知识的渴求，公共图书馆需要通过数字化手段扩大馆藏范围。

引入数字化资源、电子书籍、在线期刊等，是拓展信息获取广度的有效途径。这不仅能够覆盖更多学科领域，还能提供多样化的文献形式，如图像、音频和视频等。公共图书馆需要积极开展数字化馆藏的建设，并与其他机构、出版商合作，确保馆藏内容的丰富性和多样性。此外，通过建设数字图书馆等在线平台，提供更广泛的开放获取资源，拓展用户获取信息的广度。

再次，提高信息获取速度和广度不仅仅是技术层面的问题，还需要关注用户体验的优化。数字时代用户更注重信息的呈现方式和使用体验。因此，公共图书馆应当注重用户界面的设计，使得用户能够更直观、方便地进行信息检索和获取。增加个性化推荐系统，根据用户的兴趣和历史行为提供更精准的推荐，提高用户对图书馆服务的满意度。

为了提升用户体验，公共图书馆还可以探索利用先进的技术，如人工智能和虚拟现实，来创新图书馆服务。通过实现智能搜索、个性化推荐、虚拟图书馆导览等功能，提高用户在图书馆的互动体验，使信息获取变得更为便捷和愉悦。

最后，数字时代对于信息获取速度和广度的要求也意味着图书馆需要培养更具数字素养的人才。图书馆工作人员需要具备良好的信息技术技能，能够熟练使用各种数字工具和系统，以更好地服务用户。因此，公共图书馆需要思考如何通过培训和招聘，确保图书馆团队具备适应数字时代的能力和素养。

同时，传统的图书馆管理模式可能需要进行相应的变革。引入数字化技术和新的管理理念，建立更灵活、高效的管理模式，以更好地适应数字时代的服务需求。数字时代下的图书馆管理应该更注重团队协作、创新和用户导向，通过合理的管理结构和流程，推动信息获取速度和广度的提升。

2.用户体验的提升

（1）用户体验的定义和重要性

用户体验是指用户在使用产品或服务时感受到的整体感觉，包括使用的便捷性、满意度、愉悦度等方面。在数字时代，用户对服务体验的要求更高，这使得公共图书馆需要重新审视和调整传统的管理理念。提升用户体验的重要性不仅在于满足用户的期望，更在于建立用户与图书馆之间更紧密的关系，促使用户更积极地利用图书馆的资源和服务。

（2）智能化技术在用户体验中的应用

为了提高用户体验，公共图书馆可以引入智能化技术，以更智能、个性化的方式为用户提供服务。首先，智能搜索和推荐系统可以根据用户的搜索历史、借阅记录以及兴趣爱好，为用户提供更精准的图书和资源推荐。这种个性化的推荐系统可以大大提高用户找到感兴趣资料的概率，增强用户对图书馆的满意度。其次，人工智能技术的运用也可以使得图书馆的服务更加智能。例如，通过语音识别技术，用户可以通过语音命令进行检索、借还书等操作，提高了服务的便捷性。智能化技术还可以应用于图书馆的导航系统，使用户更轻松地找到目标书籍或区域，进一步提升了用户的使用体验。

（3）数字化资源和在线服务的拓展

数字化资源和在线服务的拓展是提升用户体验的关键因素之一。传统的馆藏管理方式可能限制了用户获取信息的方式和途径。通过数字化资源的引入，用户可以方便地在线阅读电子书籍、期刊，观看在线教育视频等。

同时，公共图书馆可以通过建设在线平台，提供在线预约、续借、参与在线学术活动等服务，使用户可以更便捷地利用图书馆资源，满足多样化的学习和娱乐需求。

（4）用户界面设计和反馈机制的优化

用户界面设计和反馈机制的优化直接关系到用户体验的良好与否。首先，图书馆的网站或移动应用的界面应该简洁、直观，方便用户快速找到需要的信息和服务。用户界面的友好设计可以减少用户的学习成本，提高使用效率。其次，建立用户反馈机制，鼓励用户提出建议和意见，及时解决用户在使用过程中遇到的问题。这种开放性的反馈机制有助于图书馆更好地理解用户需求，及时做出调整和改进，增进用户对图书馆的信任感和满意度。

3.数据驱动决策的需求

（1）数据驱动决策的定义与背景

在数字时代，数据被认为是一种宝贵的资产，对于公共图书馆而言，数据驱动决策成为提升服务质量和满足用户需求的关键。数据驱动决策是指通过收集、分析和解释大量的数据，以便基于客观事实而不是主观判断做出决策。传统管理模式往往依赖经验和传统做法，而数字时代则迫切需要更科学、更精确的决策方式，这就使得数据驱动决策成为必然选择。

（2）数据在公共图书馆管理中的应用

首先，通过对用户借阅历史、搜索记录和参与活动的数据进行分析，图书馆可以深入了解用户的兴趣和需求。这有助于更准确地为用户推荐图书、开展活动以及优化图书馆空间布局。其次，数据驱动的决策可以通过分析馆藏的使用情况，包括哪些资源受欢迎、哪些资源较少被利用，来指导图书馆的购书和资源分配策略。这有助于优化馆藏，更好地满足用户的需求。最后，通过检测服务的效果，如在线服务响应时间、用户满意度等，图书馆可以及时发现问题并做出改进。这种实时的数据反馈有助于提升服务质量，增强用户体验。

（3）数据科学方法的应用

首先，利用机器学习算法，可以根据用户的行为模式和历史数据，建立个性化的图书推荐系统。这种系统可以更精准地预测用户可能感兴趣的图书，提高用户对图书馆资源的利用率。其次，利用预测分析方法，可以预测某一资源未来的使用趋势，帮助图书馆进行更有效的馆藏管理。这有助于避免资源的浪费，使得馆藏更加贴近用户的需求。最后，通过社交网络分析，可以了解用户在图书馆平台上的互动关系，推断用户之间的兴趣关联。这有助于设计更有针对性的社交互动活动，提高用户参与度。

（4）数据隐私与安全的考量

在推行数据驱动决策时，图书馆需要充分考虑数据隐私与安全的问题。用户的个人信息和借阅历史是敏感数据，图书馆需要建立严格的数据安全措施，保障用户信息的隐私。合规的数据使用政策和透明的数据收集声明是维护用户信任的关键。

（5）培养数据科学团队与文化的建设

为了有效地实施数据驱动决策，公共图书馆需要培养专业的数据科学团队，他们能够处理大量的数据、运用先进的数据分析技术。此外，还需要进行组织文化的建设，使得整个图书馆都能理解和支持数据驱动决策的重要性。这可能涉及员工培训、组织结构的调整以及推动数据文化的普及。

（二）技术设施的升级需求

1.硬件设备的更新与维护

（1）硬件设备更新的紧迫性

数字时代的公共图书馆面临着快速增长的数字化服务需求，因此，硬件设备的更新势在必行。首要的任务是升级网络基础设施，以满足更高速的数据传输需求。传统的网络设备可能无法胜任大量数字资源的高效传输，因此，公共图书馆需要考虑采用更先进、更高带宽的网络设备，以确保数字服务的畅通。

（2）硬件设备更新的范围

首先，公共图书馆的服务器是支持数字服务的核心。通过升级服务器，提高其计算能力和存储容量，可以更好地应对用户访问高峰和大规模数据处理需求。采用虚拟化技术和云计算平台，可以进一步提高资源的利用效率和灵活性。

其次，图书馆内的计算机和终端设备是用户接触数字资源的主要途径。升级这些设备，确保其性能足够强大，能够流畅运行各类数字应用和在线服务。此外，可以考虑引入触摸屏、高分辨率显示器等设备，提升用户的交互体验。

最后，高速、稳定的网络是支撑数字服务的基础。公共图书馆需要升级网络设备，包括路由器、交换机等，以适应大规模数据传输和用户高并发访问的需求。采用光纤、千兆以太网等高速传输技术，提高网络的带宽和稳定性。

（3）硬件设备维护的重要性

首先，公共图书馆需要建立定期的硬件设备检查和保养制度，确保各项设备的正常运行。这包括对服务器、计算机、网络设备等进行硬件巡检，及时发现并解决潜在问题，提高设备的稳定性和可靠性。

其次，硬件设备更新之后，公共图书馆需要确保硬件与现有软件系统的兼容性。这可能需要进行系统升级或定制软件调整，以确保新硬件能够充分发挥性能，同时保持与其他设备和系统的良好协同工作。

最后，在数字化服务中，数据是至关重要的资产。图书馆需要建立完善的数据备份与恢复机制，确保在硬件故障或数据丢失的情况下能够迅速恢复服务。采用冗余存储、定期备份等手段，提高数据的安全性和可靠性。

（4）成本与可持续性考虑

硬件设备的更新与维护需要大量的资金支持。公共图书馆在规划硬件更新项目时，需要充分考虑成本因素，并进行合理的预算规划。同时，为了保障可持续性发展，可以考虑引入可扩展、可升级的硬件体系结构，以适应未来服务需求的不断增长，避免频繁的硬件更换。

2. 网络基础设施的加强

（1）网络基础设施升级的紧迫性

在数字时代，公共图书馆作为信息服务机构，其网络基础设施的升级显得尤为紧迫。首先，随着数字化服务的迅速发展，用户对于高速、高带宽网络的需求也日益增长。现有的网络基础设施可能无法满足用户高并发、大流量的需求，因此，升级网络基础设施成为提高服务质量的迫切需求。

（2）网络基础设施升级的范围

首先，针对用户大规模同时在线访问、下载和上传的需求，公共图书馆需要提高带宽，确保用户能够高效、流畅地访问数字资源。这可能涉及与服务提供商谈判、升级网络设备等多方面的工作。

其次，随着移动设备的普及，用户在图书馆内使用无线网络的需求也在增加。因此，需要考虑增加无线网络的覆盖范围，提高密度，以支持用户在馆内的移动设备使用，确保无死角的网络覆盖。

最后，除了提升带宽外，公共图书馆还需要考虑升级核心网络设备，包括路由器、交换机等，以提高网络的稳定性和响应速度。引入先进的网络技术，如光纤通信、IPv6 等，以适应未来数字服务的发展。

（3）网络安全与稳定性的保障

随着数字化服务的扩大，网络攻击的威胁也在增加。公共图书馆需要加强网络安全设施，采用防火墙、入侵检测系统等技术，防范网络攻击，确保用户的隐私和数据安全。

为了应对网络设备故障或自然灾害等意外情况，公共图书馆需要建立完备的备份与冗余机制。通过备份关键数据、建立冗余网络连接，可以在一定程度上保障网络的可用性。

建立网络性能监控系统，实时监测网络的运行状态、带宽利用率等关键指标。通过监测数据，及时发现网络性能下降、拥塞等问题，并进行优化调整，提高网络的稳定性。

（4）成本与资源的优化考虑

在网络基础设施升级的过程中，公共图书馆需要进行成本效益的评估。确定升级方案时，需要综合考虑升级的具体费用、提升的服务质量以及未来维护成本，以确保投资能够得到充分的回报。除了经济成本，公共图书馆还需要优化人力资源。网络基础设施升级通常需要专业的技术人才来进行规划、实施和维护，因此，图书馆需要确保拥有足够的技术团队，并可能考虑与外部专业服务提供商合作，以实现资源的最优配置。

（5）未来数字服务发展的考虑

在进行网络基础设施升级时，公共图书馆需要考虑未来数字服务的发展趋势。网络基础设施的升级应该是可扩展的，能够适应未来数字服务的需求。同时，考虑引入新兴技术，如 5G 网络、物联网等，以更好地支持未来数字服务的创新发展。

3.数字化技术应用水平的提升

（1）数字图书馆建设的必要性

数字图书馆是数字时代公共图书馆的核心。首先，公共图书馆需要投入更多资源进行数字图书馆的建设，以便提供更广泛、更便捷的数字化服务。数字图书馆不仅包括数字化的文献馆藏，还涉及用户界面的设计、检索系统的建设等多个方面。这些工作需要数字技术的深入应用，以提高图书馆的数字服务水平。

（2）电子资源管理系统的优化

为了更好地整合和管理电子资源，公共图书馆需要建设更为完善的电子资源管理系统。这包括确保各类数字资源能够被有效整合，同时保证与其他图书馆系统的互通性，提高工作效率和用户体验。

随着数字资源的不断增加，公共图书馆需要建设更为灵活的许可管理系统，以便更好地控制资源的访问权限，确保合法使用。这可能涉及数字版权管理、用户身份验证等方面的技术应用。

（3）数据分析工具的引入与应用

通过引入先进的数据分析工具，公共图书馆可以更深入地了解用户的行为模式，包括借阅偏好、浏览习惯等。这有助于图书馆更准确地为用户提供个性化服务，提高数字服务的质量。

利用数据分析工具，公共图书馆可以对馆藏的利用情况进行全面的分析。通过了解哪些资源受欢迎，哪些资源较少被利用，图书馆可以更有针对性地优化馆藏，提高资源的利用率。

（4）工作人员数字素养的提升

为了适应数字时代的要求，公共图书馆需要投入更多的资源进行工作人员的培训与教育。这包括数字技术的基础知识、新技术的应用方法等方面。培训不仅仅应覆盖图书馆管理员，还需要包括其他相关职能的工作人员。

面对复杂多样的数字化服务需求，公共图书馆需要建设跨学科的团队，汇聚不同领域的专业人才。这有助于更好地整合各类数字技术应用，推动图书馆服务的创新和提升。

（5）保证数字服务水平的领先地位

公共图书馆需要保持对数字技术的关注，不断关注和引入新兴技术。这可能包括人工智能、虚拟现实、区块链等技术的应用，以确保图书馆的数字服务水平一直处于领先地位。

引入数字技术应用后，公共图书馆需要建立有效的用户反馈机制。及时了解用户的需求和反馈，对数字服务进行调整和优化，以确保服务始终符合用户的期望。

4. 投资决策与成本效益的平衡

（1）技术设施升级的战略规划

在投资决策之初，公共图书馆需要进行全面的技术设施升级战略规划。

这包括对当前技术设施的评估，未来数字服务的需求预测，以及新兴技术的研究与分析。战略规划应当明确技术设施升级的目标，为投资决策提供明确的方向。

（2）需求分析与用户体验的考量

在制定投资计划前，公共图书馆应当通过用户调查等方式深入了解用户的需求。这包括对数字服务、网络速度、设备性能等方面的需求。投资决策应当与用户需求保持一致，以提高服务的针对性和用户满意度。

技术设施升级不仅仅是为了提供更多功能，更是为了提高用户体验。公共图书馆需要通过用户体验评估，了解用户在使用新技术设施时的感受，从而调整投资计划，确保用户体验的不断优化。

（3）成本效益分析的全面考虑

在技术设施升级的投资决策中，公共图书馆需要进行投资回报率的评估。这包括对每项投资的成本和预期回报的估算，以便明确每一项投资对服务水平提升的实质性贡献。

成本效益分析不仅仅应该看短期内的投资回报，还需要考虑长期效益。公共图书馆需要思考技术设施升级是否能够为未来服务提供良好的基础，是否能够适应未来数字服务的发展趋势，以确保长期的投资价值。

（4）风险管理与应对策略的建立

在投资决策中，公共图书馆需要充分考虑可能存在的风险，包括技术风险、市场风险、人力风险等。通过风险评估，可以更好地制定风险管理策略，减少投资的不确定性。

针对可能出现的风险，公共图书馆需要建立相应的应对策略。这可能包括备用方案的准备、紧急维修计划的制定等，以保障在投资决策执行过程中的稳健性和可控性。

（5）持续监测与调整

投资决策一旦实施，公共图书馆需要建立监测体系，实时关注投资项目的执行情况。通过监测，及时发现问题，采取相应措施，确保投资决策的有效执行。

用户反馈是投资决策调整的重要依据。公共图书馆需要建立有效的反馈机制，根据用户的反馈及时调整投资计划，以适应用户需求的变化和技术发展的新趋势。

第二节　公共图书馆的数字化转型

一、数字化转型的定义

（一）战略选择的背景与动机

1. 数字时代的挑战

公共图书馆数字化转型是在应对数字时代带来的巨大变革和挑战的背景下产生的战略选择。数字时代的迅速发展改变了人们获取和分享信息的方式，传统图书馆模式面临着无法满足用户需求的困境。

（1）信息获取速度与广度的变革

用户习惯了在网络上通过搜索引擎瞬间获取所需信息，而传统图书馆的信息检索速度显然无法媲美。此外，传统图书馆馆藏的纸质书籍数量有限，无法满足信息广度的需求。

数字时代用户对信息的迅速获取形成了即时性的要求，图书馆需要通过数字化转型提高信息检索速度，拓展数字化资源的广度，以确保用户能够在图书馆中获得更全面、更及时的信息。

（2）多元化的信息呈现方式

传统图书馆主要以纸质书籍为主要信息媒介，而用户在数字时代更倾向于通过图文、音视频等多样化方式获取信息。

社交媒体、博客、在线视频等平台的普及改变了信息传播的方式，用户更加倾向于通过视听觉等多元化媒体获得信息。图书馆需要通过数字化转型，拓展数字资源的多样性，提供包括电子书、在线视频、虚拟实境等多种形式的信息，以更好地满足用户对信息呈现方式的多元化需求。

（3）传统服务模式的调整与创新

传统图书馆的服务模式主要依赖于纸质书籍的借阅和阅览，而用户在数字时代对于更便捷、更个性化的服务有着不断提升的期望。

数字时代用户习惯了在线社交、在线购物等便捷服务，对于传统的实体图书馆服务可能感到烦琐。因此，公共图书馆需要通过数字化转型，引入自动化的借还书系统、在线阅读平台等，以提供更智能、更便捷的服务，满足用户对服务模式的新期望。

2. 信息社会的发展趋势

首先，了解信息社会的背景和特征对于理解数字化转型的紧迫性至关重要。信息社会是在信息技术迅速发展的背景下形成的社会形态，其主要特征是信息的高度流动和共享。随着数字技术的普及，信息得以快速传递、共享和获取，形成了一个高度互联的社会网络。这一背景下，传统的图书馆服务模式显得滞后，迫切需要数字化转型以适应信息社会的发展趋势。

其次，数字化转型是公共图书馆适应信息社会发展趋势的迫切需求。随着信息社会的到来，用户对信息获取的期望发生了巨大的变化，从传统的静态信息获取转变为追求实时性、多元化和高度互动性的需求。传统图书馆的纸质资源和服务模式已经无法满足这一迅猛变化的需求，数字化转型成为公共图书馆适应这一社会趋势的必然选择。

再次，数字化转型对公共图书馆的服务模式进行了深刻的调整。信息社会强调实时性和互动性，数字化转型使得图书馆能够通过在线平台提供更实时、更多元化的信息服务。通过数字化，图书馆可以拓展服务范围，将服务延伸至虚拟空间，实现线上线下的有机结合，以更好地适应信息社会对服务模式的要求。

最后，数字化转型对于公共图书馆在信息社会中的生存和发展具有深远的意义。信息社会要求机构更具创新性、适应性和高效性，而数字化转型为图书馆提供了实现这些目标的有效途径。通过数字化转型，图书馆可以更好地满足用户的信息需求，提高服务质量和效率，确保在信息社会中持续发挥作用。

3. 服务效率的提升

首先，数字化转型不仅是技术的更新，更是对整体运营模式的重新设计。这一重新设计的核心目标是提高服务效率。传统图书馆的运营模式主要依赖于纸质媒体和手工流程，这限制了服务的速度和效率。通过数字化转型，图书馆可以借助先进的技术手段，优化和重构整体的运营流程，使其更适应信息时代的要求。

其次，数字化转型使得信息检索更加迅速和精准。传统的检索方式依赖于手动查找和索引，效率较低且容易出现错误。通过数字化技术，图书馆可以建立智能化的检索系统，通过搜索引擎和自然语言处理技术，使读者能够更迅速地找到所需信息。这不仅提高了服务效率，还增加了读者对图书馆的满意度。

再次，数字化转型推动了馆藏管理的自动化。传统的馆藏管理涉及大量的手工工作，包括图书采购、编目、分类等过程。数字化转型引入了自动化的馆藏管理系统，能够实时跟踪馆藏情况，自动化处理图书的借阅、归还等流程，减轻了工作人员的负担，提高了管理效率。

最后，数字化转型通过引入在线借还书服务等创新方式，极大地提升了用户体验和服务效率。用户可以通过图书馆的在线平台随时随地借阅和归还图书，无需到图书馆现场，极大地提高了借还书的效率。与此同时，数字化转型也提供了个性化推荐系统，根据用户的阅读历史和兴趣，精准推荐相关图书，使服务更加贴近用户需求，提升了整体的服务效能。

4. 服务范围的拓展

首先，数字化转型通过引入线上平台，极大地拓展了图书馆的服务范围。传统图书馆受制于实体空间，服务范围受到地域限制。而数字化转型使得图书馆可以通过互联网覆盖更广泛的区域，不再受到地理位置的限制。用户可以随时随地通过图书馆的在线平台获取服务，这种广泛的覆盖不仅满足了城市居民的需求，也使得农村和偏远地区的读者能够享受到图书馆的服务。

其次，数字化转型丰富了图书馆的数字资源，实现了服务范围的多元化。传统图书馆主要以纸质书籍为主，服务内容相对有限。数字化转型引入了电子书、在线期刊、数字化档案等多元化的数字资源，使得图书馆能够涵盖更广泛的知识领域。用户不仅可以获取传统图书的信息，还能够通过图书馆在线平台深入了解各类学科的前沿知识，满足不同读者的多元化需求。

再次，数字化转型为图书馆提供了更好地服务社区和特定群体的机会。通过在线平台，图书馆能够更灵活地开展社区活动、主题讨论、线上培训等服务，满足社区居民的特定需求。同时，数字化转型也使得图书馆能够更有针对性地为特定群体提供服务，比如儿童、老年人、残障人士等，通过定制化的服务满足不同群体的知识需求。

最后，数字化转型促使图书馆开展更广泛的全球合作，实现资源共享。通过数字平台，不同地区的图书馆可以共享数字资源，推动跨地区的知识流动。这种全球化的合作不仅拓展了图书馆的服务范围，也促进了不同文化之间的交流与共享，为读者提供了更为丰富的知识体验。

5. 多元化信息需求的满足

首先，数字化转型使图书馆能够通过智能化技术实现更加个性化的服务。通过分析读者的阅读历史、兴趣和检索行为，图书馆可以利用人工智能技术为每位用户推荐更符合其需求的图书和资源。这种个性化推荐不仅提高了用户体验，也使得图书馆服务更加贴近读者的兴趣和需求，满足多元化的信息获取期望。

其次，数字化转型引入了虚拟现实技术，为用户提供更丰富的学习和阅读体验。通过虚拟现实技术，用户可以参与沉浸式的学习环境，例如虚拟图书馆、实时线上讲座等。这样的创新性体验不仅拓展了服务的范围，也满足了读者对于多样化学习方式的需求，使得图书馆不仅是信息获取的地方，更是知识体验的场所。

再次，数字化转型使得图书馆能够通过自然语言处理技术提供更智能的检索服务。用户可以通过自然语言进行查询，而不仅仅依赖于关键词检索。这种智能检索不仅提高了用户检索信息的效率，也让不熟悉专业检索语言的读者更容易获取所需信息，满足不同读者的多元化信息需求。

最后，数字化转型借助社交媒体平台，实现了图书馆与用户之间的更紧密互动。用户可以通过社交媒体分享图书馆资源、参与讨论，这种互动不仅提高了信息传播的效果，也增加了用户参与图书馆活动的机会。通过深入了解用户在社交媒体上的行为，图书馆可以更好地把握用户的信息需求和互动偏好，从而提供更精准的服务。

（二）重新设计运营模式与服务理念

1. 业务流程的审视与调整

首先，数字化转型要求对图书馆的馆藏管理进行全面的审视和调整。传统的馆藏管理模式可能依赖于纸质登记和手工操作，这在数字时代显得过于烦琐和低效。数字化技术可以通过自动化的标签系统、RFID技术等手段，实现对图书馆藏资源的智能化管理。这包括数字化图书馆藏的建设、电子资源的管理以及对数字媒体的分类整理。通过数字化的馆藏管理，图书馆能够更加高效地维护和利用馆内的各类资源，提高服务效率。

其次，数字化转型需要优化图书馆的借还书服务流程。传统的借还书模式可能需要读者亲自前往图书馆，完成烦琐的纸质手续。数字化技术可以通过建立在线借还书系统，实现读者在网上完成借还书的操作。这不仅提高了服务效率，还方便了读者，使其能够更加灵活地利用图书馆的资源。同时，通过对在线借还书系统的数据分析，图书馆还能够更好地了解读者的借书偏好，为馆藏发展和资源购买提供参考。

再次，数字化转型要求对图书馆的读者服务进行个性化调整。传统的图书推荐可能仅仅依赖于图书馆员的经验和读者的咨询。而数字化技术可以通过分析读者的借阅历史、检索行为等数据，实现更智能、个性化的图书推荐系统。这种个性化推荐不仅提高了读者的满意度，也使图书馆的服务更具针对性和差异化。

最后，数字化转型还需要审视和调整图书馆在学术研究支持方面的业务流程。数字化技术可以通过建设数字图书馆、提供在线数据库、支持远程参考咨询等手段，更好地满足学术研究者的需求。通过深入了解学术用户的信息获取习惯和研究需求，图书馆能够更好地优化数字资源的采购和服务模式，提高学术研究的效率。

2.组织结构的灵活性提升

首先，为了更好地适应数字化环境，公共图书馆需要从领导层开始调整组织结构，提高领导层的数字化领导力。领导层需要具备对数字化转型的深刻理解，明确数字化的战略方向，为整个图书馆提供明确的数字化愿景和目标。数字化领导力还包括推动数字化文化的建设，鼓励员工接受新技术，激发团队创新的潜力。领导层的数字化领导力将对整个图书馆的数字化转型产生深远的影响。

其次，图书馆需要引入跨部门的协作机制，促使信息更顺畅地在各个环节之间流动。传统的图书馆组织结构可能存在信息壁垒，各个部门之间信息流通不畅，影响了服务的协同性。通过引入跨部门的协作机制，可以加强各个部门之间的沟通和合作。比如，在数字资源管理方面，馆藏管理、技术服务、读者服务等部门可以建立更紧密的协作关系，共同推动数字资源的获取、整理和服务。这种协作机制不仅提高了工作效率，还促使整个图书馆更好地实现数字化服务。

再次，图书馆需要通过培训提升员工的数字素养，使他们更好地适应数字化环境。数字化技术的快速发展需要员工具备相应的数字技能，能够灵活运用数字工具进行工作。因此，图书馆可以通过培训课程、研讨会等形式，提高员工的数字素养水平，使其更加熟练地运用数字化工具进行工作。员工的数字素养培训不仅有助于提高服务效率，还能够增强图书馆整体的数字化适应能力。

最后，图书馆需要建立灵活的组织结构调整机制，以适应数字化环境的不断变化。数字化技术的发展速度快，可能随时带来新的挑战和机遇。因此，图书馆需要具备快速调整组织结构的能力，以更灵活地应对外部环境的变化。这包括对人员配置的灵活调整，对新技术团队的快速组建等方面。建立灵活的组织结构调整机制有助于图书馆更好地适应数字化时代的发展。

3. 服务理念的深刻反思

首先，数字化转型要求图书馆进行对服务理念的深刻反思，将服务理念更加贴近读者需求。传统图书馆的服务理念可能偏向传统文化和图书馆自身的运作，而数字时代的读者更加注重个性化、多元化的需求。因此，图书馆需要转变为读者导向的服务理念，将读者需求置于服务的核心。这包括对读者需求的深入了解，通过数据分析等手段收集读者反馈，不断优化和调整服务内容，以更好地满足读者的期望。

其次，数字化转型要求图书馆注重个性化服务，使每位读者能够获得更贴心、更符合个性化需求的服务体验。通过数字化技术，图书馆可以收集并分析读者的阅读历史、兴趣爱好等信息，从而推荐更符合其口味的图书、文章或其他资源。个性化服务也包括通过社交媒体、在线讨论等方式建立更紧密的互动，深入了解读者的需求，从而更有针对性地提供服务。

这种个性化服务理念将使图书馆在数字化时代更具吸引力，赢得读者的忠诚度。

再次，数字化转型要求图书馆在服务理念上具备创新性，引领图书馆的发展。创新型服务理念包括对新技术的积极应用，探索数字时代下的新型服务模式。例如，可以尝试引入虚拟现实技术，为读者提供更丰富的阅读体验；结合人工智能技术，打造智能图书推荐系统。通过创新型的服务理念，图书馆能够更好地适应数字化时代的潮流，为读者提供更具吸引力和竞争力的服务。

最后，数字化转型需要图书馆建立持续优化与反馈机制的服务理念。服务理念应当强调不断学习和改进，通过不断收集读者的反馈，及时调整和改进服务策略。数字化时代的服务理念要注重灵活性和敏捷性，能够迅速适应读者需求的变化。建立有效的反馈机制，包括在线调查、用户评价等形式，能够帮助图书馆更加及时地了解用户需求，做出相应调整，使服务理念保持与时俱进。

4. 创新型服务理念的引领

首先，图书馆在数字化转型中需要通过引入技术创新来引领服务理念的变革。新兴技术如人工智能、虚拟现实、区块链等都具有巨大的潜力，可以为图书馆带来全新的服务体验。例如，通过应用人工智能技术，图书馆可以开发智能搜索引擎，提供更智能、个性化的图书推荐服务。虚拟现实技术则可以为读者提供沉浸式的阅读体验，将图书馆打造成一个数字化的知识探索空间。通过引领技术创新，图书馆能够更好地满足读者对新颖、高科技服务的需求，为数字化时代的服务理念注入新的活力。

其次，图书馆需要在服务模式上进行创新，从而引领服务理念的变革。传统的图书馆服务主要以图书借阅为主，而数字化时代的读者需求更加多元化。因此，图书馆可以通过创新服务模式，如引入数字图书馆建设、在线学习平台等，拓展服务领域。例如，可以建立数字化社群平台，让读者在虚拟空间中进行知识分享和讨论，实现社群化的服务。通过不断创新服务模式，图书馆可以更好地适应数字化时代的发展趋势，为读者提供更全面、多元的服务体验。

再次，图书馆可以通过合作创新来引领服务理念的变革。与企业、社群等建立紧密的合作关系，共同推动服务的创新。例如，可以与科技公司合作开发定制化的图书推荐系统，或者与在线教育平台合作开展数字化学习项目。通过合作创新，图书馆能够借助外部力量更好地整合资源，实现服务的全面升级。这种合作不仅能够提高服务水平，还能够拓展服务领域，使图书馆更好地融入数字化社会。

最后，图书馆在数字化转型中需要不断优化用户体验，以引领服务理念的变革。用户体验是服务的核心，通过引入设计思维、用户调研等方法，图书馆可以深入了解用户的真实需求，从而优化服务流程和界面设计。通过用户反馈的及时收集和分析，图书馆可以快速调整服务策略，提升用户体验。这种持续优化用户体验的服务理念使图书馆能够更好地满足读者的期望，提高用户满意度，从而引领服务理念的不断创新。

二、转型的关键因素

（一）领导层的决策和承诺

1.明确数字化战略和规划

首先，领导层在数字化转型中的首要任务是制定明确的数字化战略和规划。这需要领导层深刻认识到数字化转型对于公共图书馆的重要性，从而明确愿景和目标。数字化战略应该紧密结合图书馆的使命和用户需求，明确数字化转型的战略方向，例如强化数字资源建设、提升在线服务水平等。具体规划则应考虑到组织内部资源和技术水平，确保实施的可行性和有效性。

其次，数字化转型的成功离不开详细的实施规划。领导层需要与相关部门密切合作，明确每个阶段的任务、责任人、时间节点等关键要素。实施规划不仅要考虑到技术层面的更新，还需关注人员培训、用户参与等方面。通过详细地实施规划，领导层能够更好地指导和推动整个数字化转型过程。

2. 组织文化的引领

首先，领导层在数字化转型中需要引领组织文化的变革，其中创新文化的倡导至关重要。领导层应鼓励员工积极提出新思路、尝试新方法，营造一个开放、包容的创新环境。通过倡导创新文化，领导层可以激发员工的积极性和创造力，使其更愿意拥抱变革。

其次，领导层需要培养组织的变革接受能力。数字化转型涉及组织结构、工作流程等多方面的变化，而这需要员工具备应对变革的能力。领导层可以通过培训、沟通等方式，帮助员工理解数字化转型的必要性，提高其对变革的接受度。在这个过程中，领导层的示范作用至关重要，他们应成为变革的引领者，为员工树立榜样。

最后，领导层还应强调用户中心思维。数字化转型的目的是更好地满足用户需求，因此领导层需要将用户放在服务的核心位置。通过不断强调用户体验的重要性，领导层可以引导员工关注用户需求，确保数字化转型真正为用户提供有价值的服务。

（二）技术基础设施的建设

1. 投资先进数字化技术

首先，为了实现数字化转型，公共图书馆需要投资于先进的数字化技术。现代数字化技术涵盖了数字化扫描、文档识别、智能检索等多个方面，这些技术可以极大地提高图书馆数字资源的管理效率。例如，引入高分辨率数字化扫描仪能够快速而准确地将纸质文献转换为数字格式，为用户提供高质量的电子资源。

其次，公共图书馆需要建设数字化图书馆管理系统。这一系统包括数字化资源的存储、检索、管理等多个环节，是数字化转型的核心基础。通过投资建设数字化图书馆管理系统，图书馆能够更好地组织和维护数字化资源，提供更便捷的服务体验。这需要系统具备高度的灵活性和可扩展性，以应对不断增长的数字资源和服务需求。

2. 网络基础设施的强化

首先，为支持数字化服务，图书馆需要强化网络基础设施。网络基础设施是数字化服务的关键支撑，影响着数字资源的流畅访问和传播。在数字时代，用户对于快速获取信息的需求不断增长，因此，一个稳定、高速的网络基础设施对于公共图书馆至关重要。

其次，图书馆可以投资于高速网络的应用。高速网络可以确保用户在访问数字资源时能够获得更快的响应速度，提升用户体验。同时，对于数字化转型而言，高速网络也有助于实现数字化资源的在线浏览、下载和分享，进一步满足用户对多样化数字内容的需求。

最后，网络基础设施的强化需要关注安全性和可靠性。在数字化转型中，图书馆可能涉及用户隐私数据、数字资源的存储和传输等敏感信息，因此网络安全至关重要。领导层需要确保网络基础设施具备高水平的安全防护措施，防范潜在的信息泄露和网络攻击风险。同时，网络的可靠性也需要得到保障，以确保数字化服务能够持续稳定地提供给用户。

（三）员工的数字素养和培训

1. 培训计划的设计

首先，为确保数字化转型的成功，图书馆应制定全面的数字素养培训计划。这一计划需要细化内容，覆盖所有层级的员工。培训内容可以包括但不限于数字化工具的使用培训、数字资源管理的培训、信息安全培训等。细化的培训内容可以根据员工的具体工作岗位和职责来制定，以确保培训的针对性和实用性。

其次，培训应采用多样的培训方法。除了传统的面对面培训，还可以引入在线培训、模拟演练、案例分析等多种方法。这样可以更好地满足不同员工的学习习惯和需求，增强培训效果。特别是对于数字化转型中涉及的新技术和新概念，通过实际操作和案例分析可以更好地帮助员工理解和掌握。

最后，培训计划应具有持续性。数字化领域的技术和工具不断更新，因此培训计划需要随时调整和更新，确保员工始终保持对最新技术的了解。定期的培训课程、沙龙活动、知识分享会等形式可以帮助员工与数字时代保持同步，不断提升数字素养。

2. 建设跨学科团队

首先，为了更好地应对数字化转型的挑战，图书馆可以建设跨学科的数字化团队。这个团队应该集结不同领域的专业人才，包括图书馆学、信息技术、数据分析等方向的专家。通过跨学科的协作，团队可以更全面地思考数字化转型的问题，提供创新的解决方案。

其次，跨学科团队需要建立良好的协作机制。不同领域的专业人才在团队中需要密切合作，共同推动数字服务的创新和提升。定期的团队会议、项目讨论、经验分享等形式可以促进团队成员之间的交流和合作，确保数字化转型的目标得到全面实现。

最后，跨学科团队的建设需要激发创新的氛围。应鼓励团队成员提出新的理念、方案，参与到数字化服务的创新中。团队领导应该为团队创造一个宽松、鼓励尝试的工作环境，以推动数字化服务水平的不断提高。

（四）用户参与和反馈

1. 用户需求调查

首先，图书馆应采用多样的调查方法来了解用户的数字化服务期望。这可以包括定期的问卷调查、面对面的访谈、小组讨论等。通过多种方法的综合运用，图书馆可以更全面地了解不同用户群体的需求，有针对性地进行数字化服务的规划和设计。

其次，调查结果需要进行深入的分析，并及时应用于数字化服务的调整。图书馆可以通过数据分析工具对用户反馈的信息进行挖掘，找出用户的主要关切点和期望。这样的分析可以为数字化战略的制定提供有力的支持，确保数字化服务更贴近用户的实际需求。

最后，用户需求调研应关注不同用户群体的差异性。不同年龄、职业、兴趣等因素可能影响用户对数字化服务的期望。因此，在调查中应该设计相应的问题，以了解不同群体的差异需求，有针对性地提供数字化服务，使服务更具包容性和个性化。

2.建立反馈机制

首先，为了更好地了解用户体验，图书馆需要定期开展用户满意度调查。通过定期的问卷或在线调查，图书馆可以收集到用户对数字化服务的满意度和建议意见。这有助于图书馆了解服务的优势和不足，及时做出调整和改进。

其次，图书馆需要建立有效的用户反馈平台。这可以是一个在线平台，也可以是设立专门的反馈邮箱。通过这样的平台，用户可以随时提出问题、建议和意见，图书馆可以迅速回应并采取措施。这种实时反馈机制有助于图书馆更加灵活地调整服务策略。

最后，为了鼓励用户参与，图书馆可以开展一些用户参与活动。这可以包括数字化服务体验会、用户座谈会等形式。通过与用户面对面交流，图书馆可以深入了解用户的需求，更好地指导数字化服务的提升。

第三节　数字时代公共图书馆的特点

一、数字时代图书馆的新特性

（一）虚拟化和在线化

用户不再受制于实体空间，而是可以通过互联网随时随地访问图书馆的资源和服务。数字时代的图书馆通过数字化技术将纸质文献、多媒体资料等转化为数字形式，提供在线借阅、检索等服务，极大地方便了用户的阅读和学习体验。

1. 用户随时随地的数字访问

首先，用户随时随地的数字访问标志着数字时代图书馆的开创性。传统图书馆受制于实体空间，用户需要亲自前往图书馆才能获取所需的信息。然而，在数字时代，随着互联网的普及，图书馆通过数字化转型，将丰富的资源和服务移植到在线平台，使用户可以在任何时间、任何地点都能够访问图书馆的知识宝库。这一开创性的变革彻底改变了用户获取信息的方式，不再受制于图书馆的开放时间和地理位置，为用户提供了更为便捷的途径。

其次，用户的数字访问能力突破了时间和地域的限制。在传统模式下，用户需要在图书馆的开放时间内亲自前往，而数字时代的图书馆服务则为用户提供了 24/7 全天候的开放。用户可以根据个人的时间安排，在工作、学习或休闲的任何时候，通过网络轻松获取所需的信息。这种突破时间和地域限制的特性使得图书馆服务更贴近用户的生活方式，为其提供了更大的灵活性。

再次，用户随时随地的数字访问得益于多终端适配的技术支持。数字时代图书馆通过响应式设计、移动应用等技术手段，使得用户无论在电脑、平板还是手机上都能够方便地访问图书馆服务。这种多终端适配的技术支持保障了用户在不同设备上都能够获得一致的优质体验，进一步提升了数字访问的便捷性。

最后，用户随时随地的数字访问强调了信息获取的即时性。用户不再需要等待图书馆的开馆，通过在线平台，即时获取所需信息成为可能。这种即时性不仅满足了用户对信息的迅速需求，同时也促进了用户更加主动、积极地参与到知识获取的过程中。

2. 资源数字化的全面推进

首先，数字时代图书馆通过数字化技术的全面应用，将各类资源转化为数字形式。这包括纸质文献、报刊期刊、音像资料等多种形式的信息。数字化技术通过扫描、转码、数据库建设等手段，将传统实体资源数字化，使其能够以电子形式存在于网络中。这一过程不仅提高了资源的可访问性，还为图书馆数字服务的拓展奠定了基础。

其次，数字化的资源推动了在线借阅服务的优化。用户可以通过图书馆的在线平台，方便地浏览和借阅数字化的图书、文章、期刊等资源。数字化的资源不受实体空间的限制，用户可以随时随地进行借阅，无需亲自前往图书馆。这种便捷的在线借阅服务极大地提高了用户的利用效率，为用户提供了更灵活的阅读体验。

再次，数字化技术的应用提升了检索服务的精准性。数字时代图书馆通过建设强大的数字化图书馆管理系统，实现对数字资源的有效分类、标引和检索。用户可以通过关键词、主题等多种方式准确地找到所需信息，节省了大量的检索时间。这种精准的检索服务为用户提供了更加便捷、高效的信息获取途径。

最后，数字化的资源不仅提高了信息的利用效率，还推动了图书馆数字化服务的创新与拓展。数字时代图书馆不再局限于传统的纸质资源，还包括电子书、在线期刊、数字化档案等多元化的数字资源。这些资源的数字化为图书馆提供了更多服务的可能性，如在线培训、虚拟展览、数字图书馆建设等，使得图书馆服务更加多样化，满足用户多元化的知识需求。

3. 提升用户阅读和学习体验

首先，数字平台提供了用户轻松进行在线图书检索的便捷性。用户无需亲自前往图书馆，通过数字平台可以随时随地使用搜索引擎、图书馆数据库等工具，准确快速地找到所需图书和资料。这使得用户在信息检索方面有了更为高效的体验，极大地节省了他们的时间和精力。

其次，数字平台提供了用户在线阅读电子书籍的全新体验。用户可以通过数字设备，如电子阅读器、平板电脑、智能手机等，随时随地访问图书馆的电子书馆藏。电子书籍的在线阅读不受时间和空间的限制，用户可以按照自己的节奏和习惯进行阅读，提高了阅读的自由度和舒适度。

再次，数字平台为用户提供了参与在线学习的机会拓展。图书馆可以通过数字化技术开展各类在线学术讲座、研讨会、网络课程等活动，用户可以通过网络参与其中。这种在线学习的形式不仅方便用户获取新知识，还促使他们更加积极主动地参与到学术社群中，提升了学术交流和合作的可能性。

最后，数字平台的利用使用户更全面地强化了知识获取和进行学术研究。用户可以通过数字平台涉足多种学科领域，获取更广泛的知识，进行更深入的学术研究。图书馆数字平台的多元化资源和在线学术社群的交流，使用户能够更好地了解学术前沿、参与学术讨论，全面提升了他们的学术研究体验。

（二）个性化服务

利用先进的技术手段，图书馆可以分析用户的阅读历史、检索记录等信息，了解他们的阅读偏好，为用户推荐更符合其兴趣的图书、文章或其他学术资源。个性化服务不仅提高了用户的满意度，也促进了图书馆与用户之间的更紧密联系。

1. 利用技术手段的个性化推荐

首先，数字时代的图书馆通过技术手段深入挖掘用户的行为数据。通过分析用户的阅读历史、检索记录、借阅频率等数据，图书馆可以建立用户画像，全面了解其阅读偏好、兴趣领域和知识需求。这些行为数据的深度挖掘为实现个性化推荐提供了数据支撑。

其次，图书馆利用人工智能算法进行数据分析和处理。通过机器学习、自然语言处理等技术，图书馆可以对大量的用户行为数据进行智能化分析，识别用户的偏好模式，从而预测用户可能感兴趣的图书、文章、学术资源等。人工智能的应用提高了推荐系统的准确性和效率。

再次，数字时代的图书馆通过技术手段构建个性化推荐模型。个性化推荐模型不仅基于用户的历史行为数据，还考虑用户的实时需求和变化趋势，为每位用户生成独特的推荐列表。这种模型的构建使得推荐更具针对性，更能满足用户多样化的阅读需求。

最后，数字时代的图书馆通过技术手段推动精准的推荐服务。通过不断优化个性化推荐算法，图书馆可以实现更准确、更符合用户期望的推荐结果。这不仅提高了用户对图书馆推荐服务的信任度，也增加了用户对图书馆的黏性，使其更愿意长期使用图书馆的数字化服务。

2. 定制化服务体验

首先，图书馆在进行定制化服务体验时需要深入分析用户的需求和兴趣。这涉及对用户行为数据的深度挖掘，包括阅读历史、搜索记录、借阅频率等多方面的信息。通过全面了解用户的阅读偏好、学术兴趣和知识需求，图书馆可以更准确地为用户提供个性化的服务体验。

其次，为了实现定制化服务体验，图书馆需要高效应用各类技术手段。人工智能、大数据分析等先进技术的使用可以帮助图书馆更加智能地分析用户数据，发现隐藏在数据背后的用户需求模式。通过技术手段的高效应用，图书馆可以实现对用户需求的精准洞察，为定制化服务提供有力支持。

再次，定制化服务体验需要图书馆在个性化服务设计上具备创新性。这包括但不限于阅读推荐、学术活动通知等方面。图书馆可以通过创新的服务设计，结合用户的个性化需求，提供更贴心、更符合用户期望的服务。这种创新性的服务设计不仅提高了用户的满意度，还能够推动图书馆的数字化转型取得更大的成就。

最后，定制化服务体验的成功还需要激发用户的参与积极性。图书馆可以通过建立用户反馈机制、开展用户调查等方式，主动收集用户对服务的评价和建议，从而不断改进和优化定制化服务。用户的积极参与是服务体验不断优化的关键，也是图书馆与用户形成紧密联系的重要纽带。

3. 促进用户参与互动

首先，为促进用户参与互动，图书馆需要建设具有个性化特色的互动平台。这一平台可以是图书馆官方网站、移动应用，也可以是社交媒体等多种形式。建设互动平台的目的在于为用户提供一个开放、自由的空间，让他们能够更方便地参与到图书馆的数字化服务中来。

其次，互动平台应当鼓励用户进行在线讨论和知识分享。这可以通过设立专门的讨论版块、话题区域，让用户自由发表对图书、学术论文的看法，分享阅读心得和学术经验。鼓励用户互相交流，形成学术社区，不仅能够拓宽用户的知识视野，也能够为图书馆打造一个更加丰富的数字化服务生态系统。

再次，为了促进用户参与，图书馆可以建设评论和评分系统。用户可以对阅读过的图书、参与的学术活动等进行评价，分享自己的观点。这种系统不仅能够为其他用户提供参考，还可以让图书馆更好地了解用户的口碑和满意度，为服务的优化提供依据。

最后，社交媒体在促进用户参与和互动方面发挥着重要作用。图书馆可以与用户建立更直接、实时的联系。通过在社交媒体上发布图书推荐、学术活动信息等，引导用户参与，形成更加活跃的数字化社区。同时，社交媒体也是图书馆传播信息、提高知名度的有效途径。

（三）开放性和合作性

图书馆与其他机构、社群之间的信息共享和合作关系更加紧密。数字时代图书馆不仅向用户开放，还积极参与跨机构的信息资源共享，推动图书馆服务的开放性和多样性，为用户提供更全面、多元的知识服务。

1. 信息资源的跨机构共享

首先，我们需要深入探讨信息资源的跨机构共享在数字时代图书馆中的背景和必要性。随着信息量的急剧增加，单一图书馆难以满足用户日益多元化、广泛化的知识需求。因此，跨机构共享成为一种迫切的需求，有助于整合各机构的资源，提高整个社群的知识水平。

其次，为了实现信息资源的跨机构共享，数字时代图书馆需要建设跨机构合作框架。这个框架不仅要涵盖不同图书馆之间的合作，还需要考虑到与其他知识机构（如研究机构、文化机构等）的合作。建设合作框架涉及法律、政策、标准等多方面的问题，需要各机构共同努力，确保资源共享的合法性和可持续性。

再次，实现跨机构的信息资源共享需要统一的技术标准和互操作性。各机构可能采用不同的数字化技术和系统，因此，确保这些系统可以相互连接、信息可以互通成为至关重要的一环。通过建立技术标准，实现不同系统之间的互操作性，才能真正实现信息资源的有机共享。

最后，跨机构共享不仅仅是资源的堆砌，更需要对信息资源进行有效的整合和开放。这需要建设一套开放性的体系，使得用户能够在一个平台上获取来自不同机构的信息资源。同时，整合后的信息资源要能够满足用户个性化的需求，通过智能推荐等方式提供更精准的服务。

2. 多元化服务的拓展

首先，图书馆通过与其他机构的合作实现了服务领域的拓展。这种合作不仅仅局限于学术文献的获取，还包括了各类实用信息的整合。例如，与企业、政府机构的合作可以让图书馆获取到实时的经济、社会数据，为用户提供更加实用的信息服务。因此，合作领域的拓展使得图书馆的服务不再局限于传统的学术领域，更能够满足用户多元化的知识需求。

其次，合作使得图书馆能够整合更多的知识资源。这种整合不仅仅是各类机构之间信息的简单堆砌，更要求对资源进行深度整合，形成一个更为完善的知识体系。这样的整合不仅使得图书馆能够提供更多样化的信息服务，也有助于用户更好地理解和利用这些信息，而整合后的资源要做到开放共享，使得用户可以更广泛地获取到这些资源。

再次，合作的拓展使得图书馆服务形式更加创新。通过与企业合作，图书馆可以提供更实用的职业培训和就业指导；与文化机构合作，可以推出更多具有创意和文化价值的活动。这种服务形式的创新不仅使得图书馆成为知识的仓库，更是一个满足用户全方位需求的知识服务平台。

最后，合作的拓展有助于提升用户体验。用户可以通过图书馆获取到更全面、更实用的信息，不再需要在不同机构之间来回查询。这种一站式服务不仅提高了用户的满意度，也促进了用户对图书馆的忠诚度。通过与其他机构的合作，图书馆成为用户获取多元化知识的首选平台，提升了其在社会中的地位和影响力。

3. 社群与用户之间的更紧密联系

首先，深入社群合作是数字时代图书馆更好地了解用户需求的重要途径。社群是一个由共同兴趣或目标汇聚在一起的群体，与之合作可以让图书馆更直接地与用户互动，了解其需求。通过与社群建立紧密联系，图书馆可以参与社群讨论、活动，深入了解用户的阅读兴趣、学术需求以及对图书馆服务的期望。

其次，社群合作并非单一形式，而是多层次的关系网络。与学术研究机构、行业协会、兴趣小组等不同社群建立合作关系，图书馆可以实现多维度的用户需求了解。例如，与学术研究机构的合作能够深入了解学术领域的前沿需求，与行业协会的合作有助于了解特定行业的信息需求，与兴趣小组的合作则能更好地满足个性化阅读兴趣。

再次，社群合作的成果应当得以共享与推广。图书馆通过与社群的合作，不仅能够更全面地满足用户需求，还可以将合作成果向更广泛的用户推广。通过分享合作活动的成果、提供社群定制服务等方式，图书馆可以将合作的价值最大化地传递给更多的用户，拓展服务范围。

最后，社群合作有助于加强图书馆在社群中的地位。通过参与社群活动、提供相关资源支持，图书馆成为社群中的知识中心。这种身份不仅提高了图书馆在用户心目中的形象，还使得图书馆在社群中具备更大的社会影响力。用户更愿意将图书馆视为一个能够满足其多层次需求的重要机构，这进一步促进了用户与图书馆之间的紧密联系。

二、用户期望与满足

（一）便捷、快速的获取信息方式

1. 在线检索的高效性

首先，为提升在线检索的高效性，图书馆应当对搜索算法进行深入优化。引入先进的自然语言处理技术、机器学习算法等，以更好地理解用户的检索意图。通过不断学习用户的搜索行为，系统能够逐渐调整算法，提高搜索结果的准确性和相关性。这种优化不仅需要技术专家的参与，还需要图书馆与相关科技公司的合作，确保搜索引擎的先进性和稳定性。

其次，图书馆需要注重用户体验设计的创新。通过人机交互界面的改进，提高用户在检索过程中的操作便捷性和直观性。这包括简化检索界面、智能化搜索建议、图形化搜索等方式，使用户能够更轻松地使用在线检索系统。同时，图书馆应当关注用户反馈，不断优化系统界面，确保用户体验符合其习惯和期望。

再次，为增强在线检索的高效性，图书馆应当进行多源信息的整合。整合来自不同数据库、图书馆资源、学术期刊等多个信息源，通过在线检索系统一站式地呈现给用户。这样的整合不仅节省了用户查找信息的时间，也提高了信息的全面性。数字时代的图书馆需要建立强大的信息管理系统，确保各类信息能够被有效整合和检索。

最后，图书馆应当建立实时性与更新机制，确保在线检索的信息保持时效性。定期更新数据库，删除过时信息，引入实时检索技术，使得用户获取的信息是最新的、最有价值的。这需要图书馆与出版机构、学术界等保持紧密的合作关系，获取最新的文献和研究成果，及时更新在线检索系统。

2. 电子书籍的广泛应用

首先，数字时代的图书馆需要进行全面规划，以建设丰富的数字图书馆。这包括确定数字资源的种类和数量，选择合适的数字化技术，设计用户友好的平台界面等。规划应该基于用户需求、图书馆的实际情况以及技术可行性，确保数字图书馆的建设既满足用户期望，又具备可持续发展的基础。

其次，数字图书馆应该提供灵活便捷的在线阅读和下载服务，以适应用户对电子书籍的广泛应用需求。这包括建设在线阅读平台，支持多种设备的兼容性，提供高质量的电子书资源，使用户能够随时随地通过互联网获取所需图书。此外，为了满足用户离线阅读的需求，还应提供下载服务，使用户能够将电子书籍保存在本地设备上，方便随时阅读。

再次，数字图书馆在电子书籍的广泛应用中需要建立完善的版权保护机制。与出版商、版权持有方等建立合作关系，确保数字图书馆所提供的电子书籍具有合法的版权，并遵循相关法律法规。同时，数字图书馆还可以通过购买电子书籍的方式支持作者和出版商，建立互利共赢的合作机制，促进数字图书馆的可持续发展。

最后，为了提高用户对数字图书馆的利用率，数字时代的图书馆需要进行用户培训与推广活动。开展培训课程，教导用户如何使用数字图书馆平台，如何进行在线阅读和下载等操作。同时，通过举办推广活动，增强用户对电子书籍的认知和接受度，鼓励更多用户尝试数字图书馆的服务，从而推动电子书籍的广泛应用。

3. 智能化推荐系统的运用

首先，数字时代的图书馆需要引入先进的智能化推荐系统，以提高用户体验。这包括采用人工智能和机器学习等技术，对用户的历史借阅记录、检索习惯、兴趣偏好等信息进行深入分析。通过建立用户画像，系统能够更全面、准确地了解用户的阅读需求，从而为用户提供更为个性化的阅读推荐服务。

其次，智能化推荐系统的优化和升级是保持其高效性和准确性的关键。图书馆需要不断改进推荐算法，使其更好地适应用户的变化和新兴的阅读趋势。定期收集用户反馈，分析推荐效果，调整和改进算法，以确保推荐系统始终能够满足用户的个性化阅读需求，提升其依赖性。

再次，引入智能化推荐系统的同时，图书馆需要重视用户隐私与数据安全的保障。在收集和分析用户信息时，必须遵循相关法规和伦理规范，保护用户的隐私权益。建立透明的数据使用政策，告知用户他们的信息将如何被使用，同时采用安全的数据存储和传输技术，确保用户数据的安全性。

最后，为了让用户更好地理解和接受智能化推荐系统，图书馆需要进行用户教育与宣传。通过举办培训活动、制作推荐系统的使用指南等方式，向用户解释系统的工作原理、优势以及如何最大化利用推荐服务。积极宣传个性化推荐的好处，强调这一系统是为了更好地服务用户，提高用户对该系统的认同感，从而加强用户对图书馆服务的依赖性。

（二）个性化体验的重视

1. 数据分析技术的应用

首先，为了充分利用数据分析技术，图书馆需要建设高效的数据采集系统。这包括确保图书馆系统能够收集用户的阅读历史、兴趣爱好、检索习惯等相关信息。通过引入先进的数据采集工具和技术，图书馆能够更迅速、准确地获取用户数据，为后续的分析提供充分的数据基础。

其次，进行数据清洗与预处理是确保分析结果准确性的关键一步。在进行深度分析之前，图书馆需要对收集到的数据进行清洗，剔除异常值和噪声，保证数据的一致性和完整性。同时，进行数据预处理，对数据进行标准化和归一化，为后续建模和分析提供高质量的数据基础。

再次，图书馆需要采用先进的数据分析工具。这包括但不限于机器学习算法、统计分析工具等。通过运用这些工具，图书馆可以对大量用户数据进行深度挖掘，发现用户的阅读偏好、行为模式等信息。机器学习算法尤其能够通过分析大规模数据集，实现对用户行为的精准预测，为提供个性化服务奠定基础。

最后，数据分析并不是一次性的任务，而是需要建立起持续改进的机制。图书馆应该建立用户反馈机制，通过用户意见和行为数据的结合，不断优化分析模型和算法。这种持续改进的过程可以确保数据分析技术始终保持与用户需求和趋势的同步，为用户提供更为精准和实用的个性化服务。

2. 人工智能的运用

首先，图书馆可以通过引入自动化客服系统，实现对用户需求的实时响应。自动化客服系统基于人工智能技术，能够通过自然语言处理用户提问，提供实时、准确的答案。这样的系统可以 24/7 全天候为用户提供在线咨询服务，解答关于图书馆服务、资源检索等方面的问题，极大地提高服务的及时性和便捷性。

其次，智能问答机器人是另一个结合人工智能技术的利器。这种机器人能够根据用户提出的问题，通过事先设计好的算法和知识库，提供详尽的答案。智能问答机器人不仅可以用于在线咨询，还可以在数字化平台上为用户提供实时帮助，引导用户更好地利用图书馆资源。通过这种方式，图书馆可以更高效地满足用户的需求，同时为用户提供个性化的服务体验。

再次，人工智能技术还可以用于建设个性化推荐系统。通过深度学习和机器学习算法，图书馆可以分析用户的阅读历史、检索记录、兴趣爱好等数据，为用户推荐更符合其口味和需求的图书、文章、学术资源等。这种个性化推荐系统不仅提高了用户满意度，也促进了用户与图书馆的互动，增强了用户对图书馆的信任和依赖。

最后，引入人工智能技术需要持续地更新与维护。随着用户需求和技术的不断演进，图书馆需要不断升级智能系统的算法和模型，确保其在服务中保持高水平的准确性和智能性。同时，通过用户反馈和数据分析，图书馆还可以不断改进人工智能系统，使其更好地适应用户的需求变化。

3. 用户参与的反馈机制

首先，图书馆可以建立多层次的用户反馈平台，包括在线调查、建议箱、社交媒体等多种形式。通过多元化的反馈途径，能够更全面地收集用户的意见和建议。在线调查可以覆盖更广泛的用户群体，建议箱则提供了一个相对私密的反馈通道，社交媒体则可以搜集到实时的用户反馈。这种多层次的反馈机制能够满足不同用户的参与需求，使得收集到的反馈更为全面和准确。

其次，图书馆应定期进行用户需求调查，以了解用户对数字化服务的期望和满意度。通过问卷调查、座谈会等形式，深入了解用户的需求、痛点和期望，为图书馆提供指导性的意见。这种调查不仅可以帮助图书馆及时调整服务策略，还能够提前预判用户可能的需求变化，有针对性地进行数字化服务的升级和优化。

再次，图书馆需要建立快速反应机制，及时处理用户反馈。通过引入专业的客服团队，建立紧急反馈通道，能够在用户反馈后迅速做出响应和改进。这种快速反应机制可以有效提升用户满意度，增强用户对图书馆的信任感。同时，及时处理用户反馈也有助于提高数字化服务的质量和效率。

最后，图书馆在反馈机制中需要透明化处理流程。用户应清楚了解他们的反馈将如何被收集、分析，并在服务中得以体现。透明化的反馈处理流程有助于建立起用户与图书馆之间的信任关系，使用户更愿意积极参与反馈。同时，向用户公开反馈的处理结果也是一种对用户贡献的尊重和回馈。

（三）高水平数字化服务

1. 数字化图书馆建设

首先，图书馆应该投资先进的数字化扫描仪。这是数字化转型的基础，通过高效的数字化扫描仪，可以将纸质文献、档案等实体资料迅速转化为数字形式。这不仅节省了存储空间，还使得这些资源可以通过网络随时被用户获取。选择高分辨率、多功能的扫描仪能够确保数字化的文献保持高质量，提升用户体验。

其次，图书馆需要建设强大而高效的数据库管理系统。这个系统是数字资源的存储、管理、检索的核心。通过合理的数据库结构和先进的检索算法，用户可以方便地查找到所需的数字资源。数据库管理系统还需要具备良好的安全性，以确保数字资源的完整性和用户隐私的保护。同时，建设一个可扩展的系统，以适应日益增长的数字资源数量。

再次，数字图书馆需要构建一个综合的数字平台，以整合各类数字资源。这个平台可以包括数字图书、学术期刊、多媒体资料等，为用户提供多元化的学术信息。通过一个统一的入口，用户可以方便地访问各类数字资源，实现资源的无缝连接。平台的设计需要注重用户友好性，提供个性化的浏览和检索功能，以适应不同用户的需求。

最后，数字化图书馆的建设并非一劳永逸，而是需要定期地更新与维护。这包括更新数据库内容、升级系统硬件和软件、修复漏洞等方面。定期维护保障了数字化服务的稳定性和可持续性。此外，图书馆还需要及时关注数字化技术的发展，不断更新设备和系统，以适应数字时代的不断变化。

2. 在线数据库管理与更新

首先，图书馆应该建立一个有效的在线数据库管理体系。这包括确定数据库管理的责任部门、建立清晰的管理流程以及确保数据质量的标准。通过建立良好的管理框架，可以有效协调不同部门之间的工作，确保数字资源能够及时、准确地纳入数据库。

其次，图书馆需要制定定期的资源更新策略。这包括对数据库中的期刊、论文等数字资源进行及时地更新和维护。定期的资源更新能够确保数据库中的信息时效性，满足用户对最新研究成果的需求。同时，要建立反馈机制，让用户能够报告发现的错误或过时的信息，以便及时纠正。

再次，数据库管理不仅仅是对内部资源的整合，还应考虑整合来自外部的多源信息。与其他图书馆、学术机构、出版社等建立合作关系，共享信息资源，实现跨机构的数据库整合。这有助于提高数字资源的全面性，为用户提供更为全面、多元的学术信息。

最后，要充分利用先进的技术手段支持数据库的管理和更新。引入自动化的数据更新工具、数据清洗技术以及大数据分析等技术，提高管理效率。同时，不断关注信息技术的创新，如区块链技术等，探索其在数据库管理中的应用，以确保数据库管理水平的不断提升。

3. 数字技术水平的不断提升

首先，图书馆需要建设一个专业的数字技术团队。这包括招聘具有丰富经验和专业知识的数字技术专家，涵盖云计算、大数据处理、人工智能等多个领域。建设团队的同时，要设立培训计划，确保现有员工能够跟上技术发展的步伐。

其次，图书馆需要不断更新和引进先进的数字化设备和软件。这包括但不限于高性能的服务器、先进的存储设备、先进的数字化扫描仪等。同时，要关注行业内的最新软件应用，确保图书馆能够充分利用最新的数字技术工具。

再次，数字技术水平的提升不仅仅是硬件和软件设施的升级，还需要推动数字化服务的创新。图书馆可以通过引入虚拟现实、增强现实等技术，为用户提供更为沉浸式的学术体验。同时，结合人工智能和大数据分析，提高图书馆的服务个性化水平，更好地满足用户需求。

最后，图书馆应该建立起对技术发展趋势的持续跟踪机制。通过参与行业研讨会、与科技公司保持合作关系等方式，及时了解最新的数字技术动态，为图书馆的数字化服务保持领先地位提供有力支持。

第三章　数字化资源管理

第一节　数字化资源的定义与类型

一、资源概念与范畴

（一）资源概念的演变

随着科技的不断进步，资源的概念经历了从传统的纸质媒体到数字领域的根本性变革。传统上，图书馆以纸质书籍、期刊为主要资源，而在数字时代，资源的概念已经不再受限于实体媒体，而是扩展至数字形式的多元化媒体。这一转变意味着公共图书馆不再仅仅是信息的存储和提供者，更成为数字时代信息社会的中枢，提供更广泛、多样的服务。

1.传统媒体主导的图书馆时代

首先，在科技进步的推动下，图书馆的资源主要以纸质书籍和期刊为主。这一时代的形成主要受到技术水平和社会需求的双重影响。传统图书馆通过纸质媒体为读者提供信息，构建了一种以实体媒体为核心的服务模式。

其次，在这个时期，图书馆服务主要以实体媒体为核心，满足读者对书籍和期刊的需求。图书馆不仅是知识的仓库，更是提供者。读者通过阅读实体媒体获取信息，而图书馆的角色主要集中在信息存储和提供者。

再次，随着科技的进步，信息形式的多样性逐渐凸显，而传统图书馆的服务模式逐渐显得狭窄。这种狭隘的资源概念导致图书馆的角色过于单一，主要扮演信息存储和提供者的角色，未能充分发挥其在社会中的潜在作用。

最后，随着数字媒体的崛起，图书馆需要重新审视其角色定位，以适应信息多元化的趋势。传统资源概念的转变意味着图书馆需要更广泛、灵活地服务社会，更好地满足读者的需求。

2. 数字时代媒体多元化的兴起

首先，随着信息技术的飞速发展，数字时代带来了媒体形式的多元化。这一多元化背后是数字技术的不断创新，推动了传统媒体向数字领域的扩展。数字时代的背景为图书馆提供了更广泛的资源获取渠道，从而拓宽了服务领域。

其次，电子书、数字期刊、多媒体资料、数据库等数字资源的涌现，使得公共图书馆的服务形式变得更加多样。数字时代的媒体多元化不仅仅局限于文本，还包括图像、音频、视频等形式，丰富了公共图书馆所能提供的信息资源。

再次，公共图书馆不再只是提供书籍和期刊，而是成为数字资源的综合服务平台。通过数字媒体，图书馆能够更灵活地满足读者的需求，提供更为多元化和个性化的信息服务。

最后，数字化媒体的快速涌现使得图书馆需要更强大的技术支持、更灵活的服务模式以及创新的管理理念。通过合理的管理策略，公共图书馆能够更好地应对数字时代媒体多元化的挑战，提升服务水平。

3. 公共图书馆作为数字时代信息中枢

首先，传统的图书馆主要扮演信息的存储和提供者的角色，而随着资源概念的演变，公共图书馆逐渐摆脱了单一的服务模式。资源的多样性和数字化的兴起使得图书馆的角色发生了本质性的变化。

其次，不再仅仅是信息的存储和提供者，公共图书馆在数字时代成为信息社会的中枢。这一角色的转变不仅仅是服务形式的改变，更是图书馆在社会中的地位和作用的全新定义。公共图书馆通过数字化资源的引领，融入信息社会的核心，为社会提供更广泛、多样的服务。

再次，从传统的阅读空间转变为数字时代信息服务中心，公共图书馆不仅提供书籍和期刊，还通过数字化资源为用户提供多样化的信息服务。服务的拓展使得公共图书馆更好地适应了信息社会的需求，成为社会信息资源的中心。

最后，数字化资源不仅为公共图书馆提供了更多元的信息形式，也激发了创新的服务模式。通过数字化资源的引领，公共图书馆更好地适应了数字时代社会对信息获取和分享的需求，成为信息中枢的角色更加凸显。

（二）数字化资源的定义

1. 数字化资源的广泛定义

首先，数字化资源是指以数字形式存在的各种信息和知识资源，不再受限于传统的纸质媒体。这一概念突破了传统信息载体的界限，涵盖了文本、图片、音频、视频等多种形式。数字化资源以数字编码的方式存储，使得它们能够通过电子设备进行传播、存储和检索。

其次，随着科技的不断发展，信息形式愈加多样化，从而反映在数字化资源的广泛定义中。不仅包括传统的文本信息，还包括图像、音频、视频等多种媒体形式。这种多元性为公共图书馆提供了更为广泛的服务范围。

再次，数字编码的存储方式使得数字化资源具备高效的传播、存储和检索特性。公共图书馆通过这一方式能够更灵活地提供服务，使得用户能够通过电子设备随时随地获取所需信息。数字编码的存储方式也为图书馆提供了更为便捷的管理手段。

最后，公共图书馆不再只是提供传统的图书和期刊，而是能够通过数字化资源提供更为多元的服务。这种拓宽的服务范围使得公共图书馆更好地适应了信息时代用户多样化的需求，从而更好地发挥其社会服务的作用。

2. 资源多样性对公共图书馆的挑战与机遇

首先，公共图书馆面临着前所未有的资源多样性，包括电子书、数字期刊、多媒体资料、数据库等。这种多样性不仅拓展了服务领域，同时也提升了公共图书馆在社会中的地位，成为信息传播和服务的中心。

其次，信息的多样性意味着不同种类的资源需求差异巨大，而公共图书馆需要应对这种复杂性。信息整合的过程变得更加复杂，需要更先进的技术和管理手段来确保各类资源的高效整合，以满足用户的多样化需求。

再次，多样的资源为图书馆提供了更广泛的服务空间，促使公共图书馆加强服务创新。通过结合不同类型的资源，图书馆可以开展更多样化的活动，推出更有针对性的服务，提升用户体验。这种服务创新将为图书馆在数字时代立足提供新的机遇。

最后，公共图书馆需要不断更新技术设施，培养专业人才，以适应资源多样性带来的挑战。只有通过提升自身的能力，公共图书馆才能更好地发挥在数字时代的角色，为社会提供更优质的服务。

二、不同类型的数字化资源

（一）文本型数字化资源

1. 电子书的管理与服务

数字期刊管理面临着诸多挑战，首先，其不断更新和多样的主题使得管理工作相较于传统媒体更加复杂。明显的挑战在于有效管理期刊的多样性，以确保读者能够及时获取到最新的、与其需求相关的内容。这要求图书馆采用灵活的管理策略，能够适应数字期刊领域快速变化的特点。此外，数字期刊的内容涵盖范围广泛，从科学研究到社会科学，再到艺术和人文领域，因此需要建立高效的分类和索引系统，以便读者能够迅速找到他们感兴趣的内容。

其次，采用技术手段提高数字期刊管理效率是至关重要的。智能化的分类系统可以通过机器学习和自然语言处理技术，根据文章的关键词、主题和作者等信息，自动为期刊进行分类，提高检索的准确性。自动化的更新机制可以确保数字期刊内容及时更新，使读者始终能够获取到最新的研究成果。此外，引入先进的数字化技术，如人工智能和大数据分析，可以帮助图书馆更好地理解读者的需求，从而提供个性化的服务。

再次，数字期刊服务的最佳实践至关重要。在线阅读体验的优化是其中的关键一环，包括界面设计、交互性和响应速度等方面。同时，检索系统的升级也是提高服务效果的重要途径，通过引入先进的检索算法和搜索引擎技术，使读者能够更加准确、快速地找到他们需要的信息。增强用户互动也是一个重要方向，通过社交媒体整合、在线讨论平台等方式，促进读者之间的交流和合作，共同推动学术研究的发展。

最后，通过提供更便捷的服务，图书馆可以更好地满足读者对数字期刊的需求，提高数字期刊在图书馆服务中的地位。这可以通过建立用户反馈机制，定期收集用户意见，不断改进数字期刊平台的功能和性能。同时，培训图书馆工作人员，使其能够熟练运用数字化工具，提供高效的服务。最佳实践还包括与出版商和学术机构的合作，共同推动数字期刊的发展，并确保其在学术传播中发挥更大的作用。

2. 数字期刊的特殊管理需求

首先，电子书的数字化流程是数字图书馆管理中的关键环节。在电子书的获取阶段，图书馆需要建立稳固的渠道，以获取各种主题和类型的电子书，涵盖学术研究、文学作品、专业手册等多个领域。数字化的过程涉及格式转换、质量保障和版权合规等多个方面。在格式转换方面，图书馆需考虑不同的电子书格式，如 EPUB、PDF、MOBI 等，以确保兼容性和可读性。质量保障方面需要对数字化过程中可能出现的错误进行监控和修复，以提供高质量的电子书。同时，版权合规是一个不可忽视的问题，确保数字化的电子书在法律框架内合法获取，保障知识产权。

其次，电子书管理中的标准化问题对于图书馆的高效运作至关重要。标准化的编码和分类系统是保证图书馆能够有效管理和读者能够迅速检索电子书的关键。在这一方面，需要深入研究不同标准的优劣，包括但不限于 MARC（机读目录）格式、Dublin Core 元数据标准等。制定适合图书馆需求的标准，不仅需要考虑图书馆的内部管理需求，还需要与国际标准对接，以确保与其他图书馆系统的互操作性。此外，标准化还涉及电子书的分类体系，需要建立细致的分类标准，以满足读者在不同学科领域的需求，提高电子书管理的效率和可靠性。

再次，数字化图书馆在电子书服务方面的最佳实践至关重要。用户界面设计是其中的关键一环，通过直观、友好的界面，使读者能够轻松地浏览、搜索和借阅电子书。个性化推荐系统的引入可以根据读者的兴趣和阅读历史，为其提供个性化的推荐，提高阅读体验。数字版权管理是保障作者权益和防范盗版的重要手段，图书馆需要建立健全的数字版权管理系统，确保电子书的合法使用。此外，为了提高服务水平，图书馆还可以通过引入社交媒体互动、在线书评等方式，促进读者之间的交流和互动。

最后，通过深入研究电子书服务的最佳实践，我们可以为图书馆提供实用的指导，确保电子书服务能够更好地满足读者需求。这可能包括培训图书馆工作人员，使其能够熟练应对数字化工具和技术，提供高效的服务。与出版商和数字图书馆平台的合作也是推动电子书服务发展的关键，以获取更多的电子书资源并确保服务的可持续性。通过综合考虑电子书的数字化流程、标准化问题和最佳实践，图书馆可以建立更加健全和高效的电子书管理与服务体系，为读者提供更丰富、便捷的阅读体验。

（二）图像型数字化资源

1. 历史照片的数字化保存

首先，历史照片的数字化保存流程是确保这些珍贵文化遗产得以有效保护和传承的关键一环。在数字化保存的初步阶段，采用数字修复技术对历史照片进行修复是至关重要的。这一过程包括对老化、损坏或模糊的照片进行修复，以还原其原始质量。数字修复技术可以涵盖对颜色、对比度、清晰度的调整，甚至可以填补缺失的部分，以确保照片的视觉完整性。同时，为了更好地管理这些数字化的历史照片，建立详细的元数据也是不可或缺的。元数据可以包括照片的拍摄时间、地点、摄影师信息等，为图书馆提供了更丰富的信息资源，方便检索和使用。

其次，通过先进的展示技术呈现历史照片的独特魅力，对于让这些珍贵的历史资源更广泛传播具有重要意义。虚拟现实技术和全景展示等先进技术的应用可以为观众提供更为沉浸式的历史体验。通过虚拟现实，观众可以仿佛穿越到历史场景中，感受历史瞬间的真实性。全景展示则可以将观众带入照片的环境中，使他们能够360度欣赏照片所承载的历史信息。这种数字化展示方式不仅提升了观众的互动体验，还拓展了历史照片的传播途径，更好地服务于公众教育和文化传承。

再次，数字化保存历史照片不仅是技术问题，还涉及文化遗产的管理和维护。图书馆和文化机构需要建立专业的团队，负责历史照片的数字化、修复和元数据建设工作。培训工作人员，使其熟悉最新的数字修复技术和数字图书馆管理系统，是保障数字化保存流程高效进行的关键一环。此外，建立数字存储系统，确保历史照片的长期保存和备份，是数字化保存的可靠性保证。

最后，数字化保存历史照片需要在法律和伦理框架内进行。保护照片的版权和隐私权是数字图书馆在进行数字化保存时必须重视的问题。建立透明的使用政策和访问控制机制，以确保照片的合法使用和保护相关利益。

同时，与法律和文化机构合作，共同制定数字化保存的最佳实践方案，推动相关法规的制定和更新，为历史照片的数字化保存提供法律保障。

2. 艺术品图片的数字化管理

首先，艺术品图片的数字化管理是文化遗产保护中的重要一环，需要特别注重版权保护和数字化图像质量的维护。艺术品作为文化遗产的代表，其数字化管理需要更为谨慎，以确保数字化图像在传播的过程中不仅保护艺术品的完整性，同时也尊重艺术家的版权。在数字化管理的初步阶段，研究版权保护的法律框架是至关重要的。深入了解各国的版权法规，制定合适的数字化管理策略，以确保数字化图像的使用在法律框架内合规。同时，数字化图像的高质量保存也是保护艺术品的关键。采用高分辨率扫描技术、色彩校正技术等，确保数字化图像能够还原艺术品原本的细节和色彩，同时防止图像因为数字化过程而失真或退化。

其次，通过数字技术提升艺术品图片的管理水平是数字化艺术品管理的发展方向之一。高分辨率扫描技术的应用能够捕捉到艺术品的微小细节，使得数字图像更加真实和细致。三维重建技术的引入可以让观众从不同角度欣赏艺术品，甚至在虚拟空间中进行互动。这样的数字技术不仅提升了观众的欣赏体验，同时也为研究人员提供了更多的维度来探索艺术品的内涵和历史。数字平台的推广将使得更多人可以远程欣赏到世界各地的艺术珍品，从而推动艺术的跨文化传播。艺术品的数字化管理不再局限于传统的展览空间，而是通过数字平台实现了全球范围内的无障碍访问，促进了文化的多样性和共享。

再次，数字化管理也需要考虑艺术品的数字存储和备份。建立安全、可靠的数字存储系统，确保数字化图像的长期保存和备份，是数字化管理的可靠性保证。在这一过程中，图书馆和艺术机构需要制定详细的数字存储策略，包括定期备份、存储介质的选择以及灾难恢复计划的制定。数字存储的稳健性直接关系到艺术品数字化管理的可持续性。

最后，数字化管理艺术品图片需要与艺术家、文化机构、数字平台等多方合作。与艺术家的合作包括获取版权、了解艺术家的创作意图等，以确保数字化图像的使用是在尊重和保护艺术家权益的前提下进行的。与文化机构的合作涉及数字化管理的标准化和信息共享，以建立更为完善和高效的数字化管理体系。数字平台的合作可以拓展数字化图像的传播渠道，将艺术品推送到更广泛的受众中，促进艺术的普及和传承。

(三) 音频型数字化资源

1. 数字化音乐的存储与传播

首先，数字化音乐的存储与传播是当今数字时代音乐管理的核心问题。在存储方面，对于音频文件的格式和存储方式的选择至关重要。研究各种音频编码标准，如 MP3、AAC、FLAC 等，是确保数字化音乐高质量保存的关键步骤。不同的编码标准在压缩率和音质方面存在差异，需要权衡存储空间和音频质量的需求。此外，探讨不同的存储方式对音频文件的影响也是至关重要的。云存储作为一种灵活、便捷的方案，受到了广泛关注，但与之相比，本地服务器可能提供更好的控制权和稳定性。因此，寻求最佳的音频资源管理策略涉及在存储成本、可访问性和数据安全性之间找到平衡。

其次，通过在线平台传播音乐，为用户提供高质量的音频信息服务是数字化音乐管理的另一个重要方面。这包括采用流媒体技术和音频推荐系统等创新应用，以提高用户体验。研究在线播放技术的发展趋势，了解不同流媒体格式和协议的优劣，有助于为公共图书馆提供更具前瞻性的音频服务模式。音频推荐系统的应用，基于用户的历史听歌记录和喜好，可以为用户提供个性化的音乐推荐，丰富其音乐体验。此外，了解数字音乐版权的管理机制，确保在线平台上的音乐传播是在艺术家和版权持有者的合法授权下进行的，有助于构建可持续的数字音乐生态系统。

再次，数字化音乐的存储与传播也需要考虑到音乐文化的保护和传承。

保护音乐文化包括确保数字音乐的原始版本得以保留，不受数据损失或格式淘汰的影响。此外，数字音乐平台应该支持多样性的音乐内容，包括各种流派、地域性音乐和少数民族音乐，以推动全球音乐文化的传播和交流。数字音乐的传播也需要与传统音乐文化相结合，例如通过数字平台推广传统音乐表演和音乐节，促进传统音乐的传承和创新。

最后，在数字化音乐的存储与传播过程中，数字平台的用户隐私和数据安全问题也需要引起重视。采取有效的安全措施，包括数据加密、身份验证等手段，确保用户的音乐数据得到保护，是建立可信赖数字音乐平台的必要条件。同时，建立透明的隐私政策，明确音乐平台对用户数据的处理方式，增加用户对数字音乐服务的信任度。

2. 讲座录音的数字化管理

首先，讲座录音的数字化管理涉及多项技术挑战，其中一个关键的方面是录音文件的格式转换、存储和检索。在选择适当的文件格式时，需要权衡文件大小和音频质量。常见的格式包括 MP3、WAV、FLAC 等，它们各自有不同的压缩率和音质，需要根据具体需求做出选择。在录音文件的存储方面，云存储、本地服务器以及分布式存储系统等都是备选方案，但在选择时需要考虑到访问速度、数据安全性和成本等因素。另外，高效的检索系统是保障讲座录音管理效率的关键。建立准确、快速的检索系统，可以根据时间、主题、讲者等信息，使得录音文件的检索更为便捷和精准。

其次，为提高讲座录音资源的利用率，创新的管理策略是不可或缺的。语音识别技术是其中一项重要的创新，通过人工智能技术将语音转化为文本，能够为录音内容建立更为精准的索引，提供更高效的检索服务。此外，通过数据分析，可以了解用户的偏好和兴趣，为用户提供个性化的讲座推荐服务。这可以通过推荐算法，根据用户过去的听讲座记录，推荐符合其兴趣的讲座内容。创新管理策略不仅提高了录音资源的利用率，也为用户提供了更为定制化和个性化的服务体验。

再次，创新管理策略的实际应用可以在公共图书馆服务中得以体现。通过语音识别技术，公共图书馆可以提供更为精准的录音内容索引，使用户能够更迅速地找到所需的讲座信息。个性化推荐服务也有助于提升用户体验，增加用户对图书馆资源的利用率。通过数据分析，图书馆可以更好地了解用户需求，优化讲座安排，提供更符合用户兴趣的讲座内容。创新管理策略的实际应用将使公共图书馆更好地适应数字化时代的需求，提高服务水平，满足广大用户对多样化知识的追求。

最后，创新的数字化管理策略需要综合考虑技术、用户需求、法律法规等多方面因素。在采用语音识别技术时，需要关注技术的准确性和适用性，以及用户隐私的保护。在推荐服务的实施中，需要注意用户数据的合法使用，并建立透明的隐私政策。此外，公共图书馆需要建立与技术提供商、法律专家等的合作机制，以保障数字化管理策略的科学性和合规性。

（四）视频型数字化资源

1.数字化影片的存储和传输

首先，数字化影片的存储和传输技术问题是数字媒体管理领域中的一项重要挑战。在处理庞大的视频文件时，高效的存储方案是确保数字化影像可靠保存的基础。首要任务是研究各种存储技术，其中包括云存储和物理服务器等。云存储作为一种灵活、便捷的方案，具有跨地域访问、实时备份等优势；而物理服务器则可能提供更高的数据安全性和更大的存储容量。在选择存储技术时，需要综合考虑数据安全性、可访问性、成本等多个因素。另外，存储系统的可扩展性也是一个重要考量因素，以适应数字化视频资源不断增长的需求。通过研究和采用可扩展的存储系统，可以确保数字化影片在长期存储过程中不受容量限制，保持高质量和完整性。

其次，数字化影片的传输涉及通过网络平台提供更流畅的视频服务。这需要关注视频传输的效率和用户体验。视频压缩算法是提高视频传输效率的关键技术。通过采用先进的压缩算法，可以减小视频文件的大小，从而减少传输时的带宽需求，提高视频的加载速度。内容分发网络（CDN）的应用也是优化视频传输的重要手段。通过在全球范围内分布内容服务器，CDN可以提高用户访问视频的响应速度，减少加载时间，提升用户体验。在研究中，我们将深入讨论这些技术的原理、优劣势，并通过实际案例分析它们在数字影片服务中的应用。

再次，技术优化不仅仅关乎存储和传输效率，还涉及数字化影像服务的整体用户体验。为了更好地满足用户需求，公共图书馆可以考虑通过引入个性化推荐系统，提供更贴近用户兴趣的数字化影像服务。通过分析用户的观影历史、喜好等数据，系统可以自动为用户推荐相关、个性化的影片，从而提高服务的吸引力和用户满意度。此外，可交互性的设计也是提升用户体验的关键因素，例如添加评论、评分、分享功能，使用户能够更活跃地参与到数字影片服务中，形成用户社群，促进信息共享和推荐。

最后，在数字化影片的存储和传输过程中，数据安全性、版权保护、隐私保护等法律和伦理问题也需要引起重视。建立严格的数据管理规范，确保数字化影像的存储和传输符合相关法规和伦理标准，保护用户隐私和知识产权。与法律专业人士合作，制定合规的数字影片服务政策，加强对数字化影片服务的监管和管理。

2.纪录片的数字化管理

首先，数字化纪录片的版权保护策略是数字管理的关键问题。纪录片作为一种独特的文化形式，其版权问题牵涉到多方面的利益，包括导演、制片人、参与者等。为了保护纪录片创作者的权益，采用数字水印技术是一种有效的手段。数字水印是在纪录片文件中嵌入的不可见信息，能够用于验证文件的真实性和完整性，从而防止非法传播和盗版。此外，通过访问控制技术，可以限制对纪录片的访问，确保只有经过合法授权的用户才能获取到相关内容。建立严格的版权保护策略，不仅有助于激励纪录片创作者的创作热情，也为公共图书馆提供了合法、稳定的纪录片资源。

　　其次，通过数字平台推动纪录片文化的传承和创新是数字化管理的另一个重要方面。数字化平台提供了展示、交流、合作的新机会，对于纪录片文化的传承和创新具有积极的推动作用。在数字化平台上，可以通过虚拟展览、线上讨论等形式，将纪录片呈现给全球观众，拓展了纪录片的受众群体。数字平台还提供了更广泛的创作空间，鼓励纪录片创作者尝试新的叙事方式、创作手法，推动纪录片创作的创新。通过数字平台，纪录片不仅能够更便捷地传播，还能够更广泛地参与到全球范围内的文化交流中，推动纪录片文化的多样性和跨文化传播。

　　再次，数字平台在拓展纪录片受众群体方面发挥着关键作用。传统的纪录片展映通常受到场地限制，而数字平台能够消除地域和时间的限制，使得纪录片能够被更多的人观看。通过数字平台，纪录片不仅能够触达城市观众，还能够深入到农村、偏远地区，实现更为广泛的文化传播。数字平台的互动性也为观众提供了更丰富的参与方式，例如评论、讨论、分享，构建了一个更加活跃的纪录片观众社群。通过数字平台，纪录片能够更好地满足不同层次、不同需求的观众，为纪录片文化的传承和发展注入新的活力。

　　最后，在数字化管理的过程中，需要关注文化多样性和社会公益。在数字化纪录片的推广中，应该注意保护和弘扬各种文化形式，确保数字平台上呈现的纪录片能够代表不同文化背景和价值观。此外，纪录片作为一种具有社会教育和启发作用的文化形式，数字平台上的推广也应关注社会公益。可以通过与教育机构、社会组织等的合作，将纪录片引入教育课程、社区活动中，发挥纪录片在社会意识形态和公共参与方面的积极作用。

第二节 数字化资源管理的挑战与策略

一、资源存储与维护

（一）存储容量需求增大

1. 传统存储系统的挑战

传统存储系统由于其有限的扩展性，面对数字化资源迅速增加的挑战表现出管理效率低下的问题。传统硬盘、服务器等设备在存储容量和性能方面存在天然限制，无法有效应对数字化资源的爆发性增长。

2. 引入先进存储技术

通过引入先进的存储技术，如分布式存储系统、虚拟化存储等，可以有效解决传统存储系统的瓶颈问题。分布式存储系统能够横向扩展，将资源分布在多个节点上，提高整体的存储能力。虚拟化存储则通过软件将多个物理存储设备虚拟为一个逻辑存储单元，提升了存储系统的弹性和可扩展性。

3. 采用云存储技术

云存储具有高度可扩展性和灵活性，允许动态调整存储容量，满足不断增长的数字化资源存储需求。公共图书馆可以选择适合自身需求的云存储服务提供商，从而降低存储管理成本、提高资源利用率。

（二）数据损失与完整性

1. 长期存储的技术挑战

数字化资源的长期存储面临多方面的技术挑战，其中最主要的问题之一是数据损失和完整性的保持。硬件故障、人为错误或恶意攻击等因素可能导致数字资源的丢失或损坏。

2. 数据备份与恢复机制

定期对数字资源进行全面备份，确保资源的二次存储，以应对可能发生的硬件故障、系统错误或其他潜在的数据丢失风险。同时，建立恢复机制，能够在发生数据损失时快速还原到之前的状态。

3. 数字资源的数字化保存

数字化保存不仅包括对原始数据的备份，还涉及数据的验证、修复和定期的检查。采用先进的数据校验算法，能够在存储过程中实时监测数据的完整性，及时发现问题并采取修复措施，确保数字资源的长期保存和完好性。

4. 安全性保障与数据恢复

通过加密、访问控制等措施，限制对数字资源的非法访问。同时，建立数据恢复计划，明确在数据遭受破坏时的紧急处理措施，包括快速恢复被破坏的数据和追溯数据被破坏的原因。

二、知识产权保护

（一）多方权益冲突

数字化资源的生态系统涉及创作者、机构和用户等多方，每个群体都有其独特的权益，导致各方之间的冲突。

1. 创作者与机构的冲突和解决方式

创作者渴望保护其知识产权，追求合理的经济回报，而数字化资源机构则需要在传播和管理中平衡其长期可持续性。解决之道在于建立透明的合作机制，通过明确的合同和分配规则，确保创作者得到应有的激励，同时机构能够有效管理和推广资源。

（1）创作者与机构的冲突

首先，创作者作为知识产权的持有者，其首要关注点是确保其作品的合法权益，包括获得合理的经济回报和保护其创作权。创作者在数字化时代更强烈地渴望对其作品的控制权和使用权有明确的规定。

其次，数字化资源机构在数字环境中面临着平衡长期可持续性与创作者合理期望的难题。这些机构需要考虑数字资源的广泛传播，同时确保创作者能够从中获得公正的经济回报。机构的挑战还包括数字化时代信息过载和用户需求多样化。

最后，为了解决创作者与机构之间的冲突，首先需要建立透明的合作机制。这包括制定明确的合同和分配规则，确保创作者对其作品有清晰的控制权和使用权。透明的合作机制有助于建立信任，促使创作者更愿意将其作品交由数字资源机构进行管理。

（2）透明的合作机制的构建

首先，在建立透明的合作机制中，合同是基础。明确的合同条款应涵盖创作者与机构之间的权利与义务，包括但不限于作品的使用范围、经济回报机制、创作者署名权等。合同的透明度有助于避免后续纠纷，确保双方权益得到尊重。

其次，建立公开的收益分配模型是构建透明合作机制的关键。机构应向创作者清晰地展示数字资源的收益来源和分配方案。这有助于创作者了解其作品的商业价值，确保经济回报的公正分配。

（3）激励创作者并推广资源的有效管理

首先，透明的合作机制不仅仅是保护创作者权益的手段，还应该包含激励创作者的机制。这可以通过设立奖励机制、提供良好的创作环境、与创作者保持密切沟通等方式实现。激励机制能够促使创作者更加积极地参与数字资源的创作和合作。

其次，数字资源机构需要在推广资源的同时保证其有效管理。这包括建立高效的数字资源管理系统、采用先进的推广策略、与合作方保持紧密合作等。有效的管理有助于提高数字资源的可见度和影响力，为机构和创作者共同带来更多的机会和回报。

透明的合作机制不仅是解决当前冲突的手段，更是构建持久合作关系的基石。机构与创作者之间应该建立开放、诚信、平等的合作关系，以应对数字化时代不断变化的挑战。

2. 机构与用户的冲突和解决方式

机构希望广泛传播数字资源，但这可能与部分用户的私人权益和法规要求相冲突。采取开放性的政策，同时考虑用户隐私和权益，通过制定严格的使用政策，明确用户权利和义务，以降低数字资源使用中的冲突。

（1）机构与用户的冲突

首先，数字资源机构在数字环境中追求广泛传播，但这往往与部分用户的私人权益和法规要求产生冲突。用户关切数字资源使用中的隐私保护、信息安全等问题，而机构则追求在合法范围内推广数字资源，这两者之间的冲突需要得到妥善解决。

其次，机构为了推广数字资源，可能采取较为开放的政策，但这往往引发用户对于信息滥用、隐私泄露等方面的担忧。机构需要在开放性政策下找到平衡点，确保数字资源的推广不侵犯用户的合法权益。

最后，为解决机构与用户之间的冲突，首先需要制定用户权益保护政策。这一政策旨在平衡数字资源机构的推广需求与用户权益的保护，通过制定明确的规则和措施，为机构与用户建立公平、透明的互动框架。

（2）用户权益保护政策的构建

首先，构建用户权益保护政策的核心在于制定明确的使用政策和隐私条款。这包括规定数字资源的使用范围、用户的权利和义务、机构对用户信息的处理方式等。透明的政策有助于提升用户对数字资源使用过程中的合法性和安全性的信心。

其次，在用户权益保护政策中，机构应考虑采用先进的数据安全和加密技术。这有助于保障用户的隐私信息不受恶意攻击和非法获取，提升用户对数字资源机构安全性的信任。

（3）开放性政策下的用户满意度提升

首先，用户权益保护政策的构建还需要包括用户教育和参与。通过开展相关培训和教育活动，提高用户对数字资源使用政策的了解，增强其在数字环境中的主动参与感，从而提升用户满意度。

其次，建立用户反馈和改进机制是保障用户权益的重要一环。机构应设立专门的渠道接受用户反馈，及时调整和优化政策，以确保用户的合法权益得到充分保障。

3. 创作者与用户的冲突和解决方式

创作者期望作品得到充分尊重和保护，而用户则期望在合法范围内充分享受数字资源。平衡这两者之间的权益冲突需要强化数字水印技术，确保资源的合法使用，并通过教育活动提高用户对数字资源合法使用的认知。

（1）创作者与用户的冲突

首先，创作者期望其作品得到充分尊重和保护，包括版权、署名权等。与此同时，用户渴望在数字环境中能够方便、合法地充分享受数字资源，这两者之间的权益冲突成为数字时代管理的重要议题。

其次，为平衡创作者与用户的权益，首先需要强化数字水印技术。数字水印是一种在数字资源中嵌入信息的技术，可用于追踪资源的使用。然而，数字水印技术的引入也面临着技术难题、隐私问题等挑战，需要综合考虑多方面因素。

最后，为解决创作者与用户之间的权益冲突，首先应强化数字水印技术。数字水印可以作为一种有效手段，确保数字资源在合法使用的同时，为创作者提供权益保护。通过在资源中嵌入唯一标识符，可以追踪资源的流转和使用情况。

（2）数字水印技术的细化与优化

首先，数字水印技术的细化与升级是保障创作者权益的关键。随着技术的发展，数字水印可以更加难以察觉，更为安全可靠。这需要不断研究和引入新的技术手段，以适应不断演变的数字环境。

其次，引入数字水印技术需要兼顾用户隐私的保护。建立隐私保护机制，确保用户在数字资源使用中的个人信息得到妥善保护，是数字水印技术细化与优化的重要方向。

（3）用户教育与认知提升

首先，为了提高用户对数字资源合法使用的认知，需要进行广泛的用户教育活动。这包括开展讲座、发布宣传材料、制作在线教育视频等形式，向用户普及数字资源的知识和合法使用的重要性。

其次，用户教育不仅仅是传递数字资源的法律知识，还应强调用户权益的平衡。用户应了解数字水印技术的引入是为了保障创作者权益，并且是在合法范围内的。这有助于树立用户对数字资源使用的合法性的认知。

（二）数字侵权问题

数字环境下，侵犯知识产权的手段更为隐蔽，数字资源更容易被非法复制和传播，对知识产权的保护提出更高的要求。

1. 数字水印与版权技术的应用

数字水印技术是应对数字侵权问题的有效手段之一。通过在数字资源中嵌入独特的标识信息，可以帮助追踪资源的来源，防范非法复制和传播。同时，采用先进的数字版权技术，确保数字资源在传播过程中受到有效的保护。

（1）数字水印技术的应用

首先，我们将深入探讨数字水印技术的基本原理。数字水印是通过在数字资源中嵌入不可见的标识信息，实现对资源的身份识别。我们将介绍数字水印的各种嵌入方式，如频域水印、时域水印等，以及其在版权保护中的作用。

其次，我们将研究数字水印技术在数字化资源管理中的实际应用。这包括在电子书、音频、视频等多种资源中的嵌入方法，以及数字水印在侵权追踪、版权认证等方面的实际效果。通过案例分析，我们将展示数字水印技术在保护数字资源版权方面的实际效果。

最后，我们将讨论数字水印技术面临的挑战和未来的发展趋势。这包括对抗水印攻击的技术发展、隐私保护等方面。通过对数字水印技术的前沿研究，我们可以更好地理解其在版权保护中的作用，为公共图书馆提供有效的数字资源管理方案。

（2）数字版权技术的应用

首先，我们将介绍不同种类的数字版权技术。数字版权技术包括数字签名、加密算法、访问控制技术等多种手段，用于确保数字资源在传播和使用过程中的合法性。我们将详细解释这些技术的原理和适用场景。

其次，我们将研究数字版权技术在数字化资源管理中的实际应用。这包括数字版权技术在数字图书馆中的集成方式，以及如何通过数字版权技术保护文献、音视频等多种类型的数字资源。

最后，我们将探讨数字版权技术的未来发展方向。随着技术的不断进步，数字版权技术也在不断创新。我们将关注区块链技术、智能合约等新兴技术在数字版权保护中的应用前景，为数字图书馆提供更为安全、高效的数字资源管理方案。

2. 制定严格的使用政策

首先，我们需要明确制定严格使用政策的必要性。在数字时代，数字资源的广泛使用使得对使用行为的管理变得尤为重要。通过建立使用政策，机构能够明确数字资源的使用范围和条件，保护数字资源的合法权益，同时维护用户的合法权利。这一政策的制定是为了在数字资源管理中确立秩序，提高资源的有效利用率。

其次，我们将深入研究使用政策的关键要素。使用政策应当明确用户在使用数字资源时的权利和义务，包括但不限于使用范围、使用期限、使用目的等。此外，政策还应规定用户对数字资源的合法获取方式，以及对违规行为的惩罚机制。通过对这些关键要素的详细规定，可以为数字资源的合理使用提供明确的法规依据。

再次，我们将探讨使用政策的监控与执行。制定政策只是第一步，实际的监控和执行是确保政策有效性的关键。这包括建立完善的违规行为监测系统，通过技术手段对数字资源使用情况进行实时监测，确保用户遵守使用政策。同时，对于发现的违规行为，要建立明确的处罚机制，包括但不限于警告、暂停使用权限，甚至法律追责，以形成有力的威慑效应。

最后，我们将讨论使用政策的不断完善。数字资源的使用环境和技术都在不断变化，因此使用政策需要保持与时俱进。定期对政策进行审查和更新，结合用户的实际需求和技术的发展趋势，进行有针对性的修改和补充。这样的不断完善过程将使政策更加符合实际情况，更好地服务于数字资源的管理和利用。

3. 增强公众意识和教育

首先，我们需要深入探讨加强公众对知识产权认知的必要性。在数字时代，知识产权的保护变得尤为重要，而公众对于知识产权的认知水平直接关系到数字资源的合法使用。通过开展专题宣传和教育活动，可以帮助公众全面了解知识产权的概念、种类及其在数字环境下的重要性，从而培养用户自觉遵守知识产权法规的意识。

其次，我们将探讨加强公众知识产权教育的具体策略与内容。教育活动可以通过举办专题讲座、网络研讨会、社区宣传等多种形式展开。内容方面，重点介绍知识产权的法律法规，解释数字时代知识产权的新特点，以及通过案例分析展示侵权行为的后果。通过这些活动，公众可以更深入地理解知识产权的现状和发展趋势，从而更好地保护自己的合法权益。

再次，我们将讨论法律法规和道德观念的普及对提高公众意识的影响。除了一般的知识产权法规，还应注重普及道德观念，强调侵权行为的伦理和社会责任。通过展示侵权对原创者和创意产业的负面影响，激发公众对知识产权的道德责任感。这样的教育不仅是法规遵从的要求，更是社会文明和进步的需要。

　　最后，我们将强调综合运用各项策略的必要性。单一的宣传或教育手段可能无法全面覆盖不同群体，因此需要综合运用多种策略。例如，结合线上线下的教育活动，利用社交媒体、电视等多样化的渠道进行宣传，以确保信息传递的广泛性和深入性。只有综合运用各种策略，才能更全面地提高公众对数字侵权问题的认知水平。

三、数据安全

（一）数据隐私保护

1.用户数据的合法收集与使用

　　公共图书馆在提供服务的过程中可能需要收集用户信息，例如借阅记录、阅读偏好等，以提供更个性化的服务。然而，这一过程需要遵循相关的法律法规，明确数据收集的合法性和透明性。通过建立合规的数据收集和使用政策，公共图书馆可以在提升服务质量的同时确保用户数据的隐私权得到充分尊重。

2.强化数据安全技术与措施

　　这包括但不限于加密技术、身份验证、访问控制等。通过使用先进的技术手段，公共图书馆可以有效防范恶意攻击，确保用户数据不受到非法访问和泄露的风险。此外，定期的安全审查和风险评估也是确保数据安全的关键环节。

3.明晰数据共享与转移规则

　　在一些情况下，公共图书馆可能需要与其他机构或服务提供商共享用户数据，或者用户希望转移其数据。在这种情况下，建立明确的数据共享协议和用户数据转移机制是非常必要的。这有助于防范滥用用户数据的风险，同时提高用户对于数据管理的信任感。

4.建立应急响应与通知机制

即使采取了一系列的预防措施后，仍然难以完全杜绝数据泄露的风险。因此，公共图书馆需要建立健全的应急响应计划，包括对潜在数据泄露事件的快速检测、应对措施，以及及时向用户通报的机制。这样可以最大限度地减小潜在的法律和声誉风险。

（二）网络攻击与恶意行为

面对不断升级的网络威胁，公共图书馆的数字化资源管理系统容易受到网络攻击和恶意行为，威胁到信息安全和资源的正常运行。

1.网络攻击的分类与特征

网络攻击包括但不限于 DDoS 攻击、恶意软件、社交工程等多种形式。通过对每种攻击手段的深入分析，公共图书馆可以更好地理解威胁的本质，有针对性地采取相应的防护措施。此外，我们将关注攻击的特征，例如攻击的持续时间、攻击者的手段等，以提高对潜在威胁的识别和应对水平。

2.数字资源系统的弱点与漏洞

这可能涉及软件漏洞、系统配置不当、访问控制不完善等方面。深入分析这些潜在问题有助于公共图书馆及时修补漏洞，提高系统的整体安全性。我们还将研究如何通过持续的安全审查和漏洞扫描，及时发现和解决系统中的安全隐患。

3.建立完善的安全策略与应急响应计划

安全策略包括网络防火墙、入侵检测系统等技术手段，以及对员工进行网络安全培训，增强其安全意识。而应急响应计划则包括对网络攻击的实时监测、迅速的反应机制以及用户通知与沟通策略。通过这些措施，公共图书馆可以在受到网络攻击时更加迅速、有效地应对，降低损失。

第三节　数字化资源的整合与利用

一、资源整合的重要性

（一）数字化资源的激增与整合需求

1.数字化资源的多样性爆发

随着科技的飞速发展，数字化资源在公共图书馆中呈现出爆发性的增长。电子书、数据库、多媒体资料等形式的数字资源不断涌现，使图书馆面临更为多元和庞大的信息环境。

（1）数字化资源激增的背景

随着科技的不断进步，数字化资源在公共图书馆中经历了一场爆发性的增长。这一趋势源于信息技术的快速发展，包括但不限于存储技术的提升、网络带宽的扩大、计算能力的增强等方面。这种数字化资源的激增不仅是技术进步的结果，更是社会信息需求日益增长的反映。电子书、数据库、多媒体资料等形式的数字资源的广泛涌现，成为满足社会对信息获取多样性的迫切需求的重要手段。

（2）数字化资源的多元形式

第一，电子书作为数字时代阅读的代表，其形式包括文本、图片、图表等多种媒体元素，为读者提供了更为丰富的阅读体验。公共图书馆的电子书馆藏不断扩大，涵盖了各个领域的丰富内容。

第二，数据库作为重要的学术和专业信息存储单元，涵盖了期刊文章、学术论文、统计数据等多种类型的信息。不同领域的数据库为研究人员和学生提供了深入探讨的资源基础。

第三，音频、视频等多媒体资料的数字化使得公共图书馆的服务更加立体。音频资源包括讲座录音、音乐等，而视频资源涵盖了纪录片、讲座视频等，为用户提供了多样化的学习和娱乐选择。

（3）数字化资源爆发对图书馆的挑战

第一，数字化资源的多样性使得图书馆面临了更为庞大和复杂的信息管理任务。从获取、整理到存储，都需要图书馆有更为先进的技术和更为高效的管理体系。

第二，不同类型的数字资源需要不同的技术支持，而这些技术的更新换代速度较快。图书馆需要不断跟进技术的发展，以确保数字资源能够得到充分而高效的利用。

（4）数字化资源爆发的社会影响

数字化资源的激增不仅仅是图书馆服务水平的提升，更是社会信息环境的重大变革。信息获取的便利性和多样性使得社会更加开放和自由，同时也对个人信息素养提出更高的要求。公共图书馆在数字资源的管理中需要不断创新，以更好地适应社会变革的需求，确保数字时代信息的广泛传播和充分利用。

2.资源整合的紧迫性

首先，随着信息时代的不断发展，数字化资源在图书馆管理中的地位愈发凸显。从传统的纸质文献到电子书籍、数据库、在线期刊等多种数字化资源的涌现，图书馆面临着前所未有的信息多样性。这种多样性既是一种宝贵的信息财富，同时也是图书馆管理的新挑战。因此，资源整合成为解决这一问题的紧迫性所在。

其次，数字化资源的类型不断丰富，包括但不限于电子书、数字档案、在线期刊、学术数据库等。这些资源的多元性使得读者在获取信息时有更广泛的选择，但也带来了信息碎片化和管理复杂性的问题。为了更好地满足读者需求，图书馆需要建立起一个高效的资源整合系统，将各类数字化资源有机地结合起来，形成一个统一而便捷的信息检索体系。

再次，数量庞大的数字化资源使得图书馆面临着巨大的信息管理压力。不同类型的资源可能存储在不同的平台上，涉及的学科领域、知识体系也各异，这就要求图书馆在资源整合时要考虑到信息的一体性和连贯性。通过引入先进的信息技术，建立起智能化的资源管理系统，图书馆可以更好地整合、存储和检索这些数字化资源，提高资源的利用率和读者满意度。

最后，资源整合不仅仅是为了提高服务水平，更是为了保障数字化资源的质量。在数字时代，信息的真实性、可信度成为极为重要的考量因素。通过资源整合，图书馆能够更好地筛选和管理数字化资源，确保其质量和可靠性。同时，还可以通过建立数字资源的评估体系，对各类资源进行评估和分类，为读者提供更为精准的信息服务。

（二）提高资源利用率的手段

1. 先进技术在信息检索中的应用

首先，信息检索技术在数字化资源管理中发挥着至关重要的作用。自然语言处理（NLP）作为先进技术之一，能够使计算机理解和处理人类语言，从而提高信息检索的智能性和准确性。通过NLP，图书馆可以实现更为精准的搜索，使读者能够以自然语言的方式提出查询，系统能够理解并返回符合语境的相关信息。这样的智能搜索将大幅提升读者的检索体验，使他们更迅速地找到所需的资源。

其次，机器学习技术在信息检索中的应用也是资源整合的关键。通过对大量数据的学习和分析，机器学习算法能够逐渐优化检索算法，使其更加符合读者的需求和习惯。个性化推荐系统的引入，可以根据读者的历史检索记录和兴趣偏好，为其推荐更相关、更符合个性化需求的数字化资源。这样的个性化服务不仅提高了资源利用率，也增强了读者对图书馆服务的黏性。

再次，信息检索技术在资源整合中还能通过数据挖掘等手段挖掘出潜在的关联性和价值。通过对大量数字化资源的分析，可以发现资源之间的关联性，从而建立更为丰富的知识体系。这有助于图书馆更好地了解数字化资源的结构和内容，为资源整合提供更深层次的支持。数据挖掘还能帮助图书馆发现潜在的研究热点和趋势，为学术研究提供有益的参考。

最后，先进的信息检索技术也在信息安全方面发挥着关键作用。随着数字化资源的不断增加，信息泄露和数据安全成为亟待解决的问题。先进的技术，如基于密码学的安全检索、身份验证技术等，可以有效保护读者的隐私和数字化资源的安全性。通过建立健全的安全机制，图书馆能够在资源整合的过程中确保信息的安全传输和存储，增强了读者对数字化资源的信任度。

2. 用户行为分析与个性化推荐

首先，用户行为分析作为图书馆资源管理的关键一环，通过对用户的阅读行为进行深入研究，可以获取大量有关其阅读偏好和需求的宝贵信息。通过对用户检索、借阅、阅读历史的数据分析，图书馆可以了解到不同用户群体的兴趣领域、常用检索关键词、阅读频率等信息。这样的数据分析为建立个性化推荐系统提供了坚实的基础，使图书馆能够更好地理解读者的行为模式，更有针对性地满足其需求。

其次，个性化推荐系统的建立将使图书馆在服务质量和资源利用率方面迈出重要一步。通过利用用户行为分析的结果，图书馆可以采用先进的推荐算法，为读者提供更加个性化、符合其兴趣的数字化资源。这不仅包括图书、期刊等文献资源，还可以涵盖多种形式的数字化内容，如音频、视频、学术论文等。个性化推荐不仅提高了读者满意度，也推动了图书馆资源的智能、高效的利用，实现了资源的最大化价值。

再次，用户行为分析还可以通过挖掘潜在的用户需求，为图书馆的资源采购和服务提供有益的参考。通过了解用户的阅读偏好和兴趣，图书馆可以更加准确地预测未来的需求趋势，有针对性地扩充相关领域的资源。这种基于用户行为的需求分析有助于图书馆更灵活地调整数字化资源的结构和内容，更符合读者的实际需求，推动数字化资源的精细化管理。

最后，用户行为分析不仅仅是为了个性化推荐，还能够促使图书馆开展更有针对性的用户教育和培训。通过深入了解用户的阅读习惯和使用特点，图书馆可以制定更有效的培训计划，帮助用户更好地利用数字化资源。这既包括对数据库检索技巧的培训，也包括对个性化推荐系统的介绍和使用指导。通过提高用户的信息素养和数字资源利用能力，图书馆能够更好地满足用户需求，推动数字化时代图书馆服务的深入发展。

（三）全面服务的实现

1. 不同主题领域的资源整合

首先，实现全面服务的目标需要对不同主题领域的数字资源进行深入研究和整合。不同学科领域涵盖了丰富的知识体系和信息资源，图书馆作为知识传播和学术研究的中心，必须建立起一个高效的资源整合系统，以满足读者在各个学科领域的多元化需求。通过对不同主题领域的数字资源进行深入分析，图书馆能够更好地理解各个学科领域的特点和需求，为跨学科的资源整合奠定基础。

其次，建立跨学科的资源共享体系是实现全面服务的关键一环。不同学科领域之间存在着丰富的交叉点和互动关系，因此，资源整合不能仅仅停留在单一学科领域，而应该涉足多个领域，建立一个高效的资源共享平台。这涉及对不同主题领域的数字资源进行智能化分类和整合，使得读者能够更便捷地获取跨学科领域的知识资源。跨学科的资源共享体系有助于打破学科之间的壁垒，促进知识的交流和融合，为读者提供更为全面和深入的知识服务。

再次，数字资源的多样性使得跨学科资源整合面临挑战。不同主题领域的数字资源可能涉及多种类型，包括但不限于学术论文、图书、音视频资料、实验数据等。因此，图书馆在进行跨学科资源整合时需要考虑到多样性的特点，建立起一个灵活而高效的资源管理系统。这可以通过引入先进的信息技术，如数据标准化、资源链接等手段，来实现数字资源的统一管理和检索，使得不同主题领域的资源能够有机地结合在一起，形成一个全面而多元的知识服务体系。

最后，实现全面服务还需要加强对数字资源的质量控制和评估。不同主题领域的数字资源在质量和可信度上可能存在差异，因此，图书馆需要建立起严格的评估体系，对数字资源进行评估和筛选。这不仅包括对学术水平的评估，还包括对数据可靠性、版权合规性等方面的考量。通过建立质量控制和评估机制，图书馆可以为读者提供更为可靠和高质量的数字资源，增强服务的可信度和学术价值。

2. 跨学科知识的交叉利用

首先，跨学科知识的交叉利用要建立在对各学科的深入理解和全面研究基础上。图书馆作为知识管理和传播的中心，应深入研究不同学科领域的知识结构、核心概念以及学术研究的前沿动态。这需要图书馆建立强大的学科专业团队，包括图书馆员、学科专家和信息技术人员，共同致力于深入挖掘各个学科的特点和需求。

其次，实现跨学科知识的交叉利用需要建立起一个综合而高效的数字化资源整合系统。这个系统应该能够将不同学科领域的数字资源有机地结合在一起，形成一个跨学科的知识网络。通过引入先进的信息技术，如知识图谱、语义分析等，图书馆能够实现对跨学科知识的智能化整合和联通，使得读者能够更便捷地获取相关领域的综合性信息。

再次，跨学科知识的交叉利用需要加强对学科交叉研究的支持。图书馆可以通过组织学术研讨会、开展跨学科研究项目等方式，促进不同学科领域之间的交流与合作。通过这样的活动，图书馆能够更好地了解学术研究的前沿趋势，有针对性地进行数字资源的采购和整合，为学科交叉研究提供支持和动力。

最后，推动知识的跨界传播需要加强对数字资源的开放共享。图书馆应鼓励学者和研究人员将其研究成果以开放获取的形式共享，为跨学科的知识传播提供更为广泛的渠道。通过建立数字资源的开放共享机制，图书馆可以促进不同学科领域的知识相互渗透，打破学科壁垒，推动学术知识的整体进步。

二、创新利用数字资源的方法

（一）数字资源的展览与推广

1. 数字资源的文化价值呈现

首先，数字资源的文化价值体现在其对文化遗产的保护与传承上。通过数字化，图书馆能够将珍贵的文献、手稿、艺术品等文化遗产进行数字化保存，确保其不受时间和环境的侵蚀。这种数字资源的保护不仅有助于保存物质文化遗产，也为后代提供了更为便捷的途径来了解和欣赏历史的文化精华。通过数字资源的展览与推广，图书馆可以呈现这些珍贵文化遗产的丰富内涵，让读者更直观地感受到历史、艺术、文学等方面的文化价值。

其次，数字资源在文献研究和学术交流中展现出卓越的文化价值。数字化的文献资源使得图书馆能够更便捷地分享、传播各种学术研究成果，促进学术交流与合作。通过展示数字资源中的学术论文、研究报告等，图书馆能够打造一个学术的沙龙氛围，吸引研究人员和学者积极参与。数字资源的学术价值不仅表现在其信息的广泛共享，更在于推动学术界的跨界融合，促进不同学科领域的互相借鉴，形成更为丰富的学术文化。

再次，数字资源在促进多元文化理解与交流方面发挥着重要作用。通过数字资源，图书馆能够展示来自不同国家、地区、文化的丰富信息，为读者提供更全面、多样的视角。数字化的多语言资源、民族文化资料等可以成为促进多元文化理解的桥梁，帮助人们更好地认知和尊重不同的文化传统。图书馆通过展览数字资源中的跨文化元素，可以营造一个多元文化的阅读环境，激发读者对世界多元文化的好奇心与探索欲望。

最后，数字资源通过创新的方式呈现文化价值，有助于打破传统图书馆的沉闷形象，吸引更多读者的关注。数字资源的展览可以采用多媒体、虚拟现实等技术手段，将文化元素以更生动、富有创意的方式呈现出来。这种数字资源的创新展示方式有助于吸引年轻读者，增加图书馆的吸引力。同时，数字资源的推广活动也可以结合线上和线下，通过社交媒体、线上展览等方式，将文化价值传播到更广泛的社群中，使数字资源在社会中产生更为深远的影响。

2. 数字展览的创新形式

首先，数字展览的创新形式在于利用先进的技术手段，打破了传统展览的时空限制。通过在网上平台建设数字展览，图书馆可以将展览的范围扩展到全球范围，实现 24 小时不受时间和地点限制的展览。这样的全球数字展览可以吸引更广泛的观众，包括远程地区的读者、国际研究者等，推动数字资源的全球共享与传播。同时，数字展览也能够通过虚拟现实、增强现实等技术，为观众提供更为沉浸式的体验，使其能够在虚拟环境中感受到真实展览的氛围。

其次，数字展览的创新形式在于提供了更灵活的资源浏览方式。传统的实体展览通常受到空间限制，难以展示大量的数字资源。而通过数字展览，图书馆可以以更为直观、可交互的方式呈现数字资源，包括文献、图片、音视频等多媒体形式。观众可以通过点击、滑动等操作方式，自主选择感兴趣的内容进行浏览，根据个人兴趣进行深入了解。这种灵活的浏览方式使得数字展览更贴近读者的需求，增加了观众的参与度和互动性。

再次，数字展览的创新形式在于能够实现多维度的内容呈现。通过数字化，图书馆可以将不同主题、不同类型的数字资源有机地结合在一个展览中，形成一个多维度的展览主题。这种多维度的内容呈现使得数字展览更为丰富和综合，能够更全面地呈现某一主题或文化内涵。例如，一个数字展览可以融合文学作品、历史文献、艺术品等多种资源，形成一个跨学科的展览体验，为观众提供更为综合的知识享受。

最后，数字展览的创新形式在于能够实现展览内容的动态更新。相比于传统的实体展览，数字展览可以更及时地对展览内容进行更新和调整。图书馆可以根据读者反馈、学术研究的新进展等因素，实时调整数字展览的内容，保持展览的新鲜感和吸引力。这种动态更新的特点使得数字展览更具灵活性，能够及时响应社会变化和读者需求，增加了数字资源的可持续利用性。

3. 主题推广与读者参与

首先，主题推广活动在图书馆中扮演着极为重要的角色，通过巧妙设计和有趣的主题，能够吸引读者的关注。对于数字资源而言，主题推广不仅是一种宣传手段，更是一种建立数字资源与读者之间深刻联系的途径。通过主题推广，图书馆可以将数字资源的内容巧妙地融入不同富有创意的主题中，从而引起读者的兴趣和好奇心。

其次，开展数字资源的主题征文比赛是一种积极引导读者参与数字资源活动的方式。这样的比赛可以设立不同的主题，涵盖文学、科技、社会等多个领域，使得读者有机会通过自己的文字表达对数字资源的理解和感悟。通过主题征文比赛，图书馆可以挖掘读者在数字资源中发现的独特视角，进一步拓展数字资源的应用领域，同时也为读者提供了分享和交流的平台。这样的活动能够培养读者对数字资源的深入思考，并使他们更深层次地融入图书馆数字资源的使用中。

再次，举办数字资源知识竞赛是另一种推动读者参与的有效方式。通过设置涵盖数字资源的各个方面的题目，如检索技巧、资源应用、知识面拓展等，可以引导读者深入了解数字资源的使用方法和背后的知识。这样的知识竞赛不仅能够检验读者对数字资源的了解程度，更能够促进他们主动学习数字资源的知识，提高信息素养。此外，为了增加趣味性，可以采用团队竞赛形式，进一步促进读者之间的互动和合作。

最后，数字资源的主题推广活动也可以借助社交媒体等新媒体平台，拓展推广的范围。通过在社交媒体上开展数字资源主题讨论、互动问答等活动，可以迅速将数字资源的主题推广信息传播给更广泛的受众。这种方式不仅提高了推广的效果，也能够借助社交媒体平台的互动性，与读者进行即时的互动，收集反馈意见，更好地了解他们的需求和期望。这样的参与式推广不仅提升了数字资源在读者中的知名度，同时也促使读者更加积极地参与数字资源的使用和活动。

（二）虚拟现实在数字资源中的应用

1. 数字化展馆的建设

首先，数字化展馆的建设是图书馆在数字化时代积极应对变革、提升服务水平的一项战略举措。通过利用虚拟现实技术，图书馆可以在数字化展馆中展示馆内的各个角落，不受时间和地点限制，使得读者能够在任何地方、任何时间通过计算机或虚拟现实设备进入图书馆，感受到馆内的真实氛围。这种数字化展馆的建设不仅提高了图书馆的可访问性，也为读者提供了更加便捷、丰富的数字资源体验。

其次，虚拟现实技术在数字化展馆中的应用可以使读者更好地感知馆内环境，提高数字资源的沉浸感。通过数字化展馆，读者可以在虚拟环境中漫游，仿佛置身于实体图书馆中。这种沉浸感使得读者更容易被数字资源所吸引，激发了他们对图书馆资源的浏览兴趣。同时，数字化展馆还可以通过虚拟现实技术呈现馆内的布局、装饰、陈列等方面的细节，使读者更直观地感受到图书馆的文化氛围，提高数字资源的吸引力。

再次，数字化展馆的建设为图书馆提供了更广泛的合作和展览机会。虚拟现实技术可以使多个用户在同一时间内访问数字化展馆，促进了跨地域和跨机构的合作。图书馆可以与其他机构、学术团体合作举办数字展览，共享数字资源，实现资源的共建共享。这种数字化展馆的建设不仅能够提升图书馆在学术界和社会中的影响力，还有助于打破传统图书馆的地理界限，推动数字资源的全球化传播。

最后，数字化展馆的建设需要图书馆深度整合各类数字资源，形成一个高度互联的数字环境。这不仅包括数字化馆藏的整合，还需要将各种数字服务、学术研究成果、虚拟交互元素等有机结合。图书馆应该采用先进的信息技术手段，如人工智能、大数据分析等，对数字资源进行智能化管理和展示，提高数字化展馆的交互性和个性化体验。通过数字资源的深度整合，图书馆可以为读者提供更为丰富、多样的虚拟展览体验，不仅局限于馆内的空间展示，还包括与数字资源相关的活动、讲座、研讨会等，形成一个数字化的学术社交平台。

2.虚拟阅读空间的打造

首先，虚拟阅读空间的打造是图书馆数字化服务的创新实践。通过虚拟现实技术，图书馆可以模拟真实的阅读环境，为读者提供更加真实、沉浸的阅读体验。这种创新不仅满足了读者对阅读空间的个性化需求，同时也拓展了图书馆服务的形式，使其更贴近时代潮流，更符合读者在数字时代的阅读期待。

其次，虚拟阅读空间的建设需充分考虑读者的多样性需求。通过虚拟现实技术，图书馆可以为读者提供多样化的虚拟阅读环境选择，包括模拟传统的安静图书馆、户外阳光明媚的环境、沙滩边悠闲的度假氛围等。这种个性化的虚拟阅读空间设计能够满足不同读者的阅读习惯和情境需求，提供更为贴心的服务，增加阅读的舒适感和愉悦度。

再次，虚拟阅读空间的打造需要综合考虑虚拟现实技术的先进性和图书馆的实际情况。图书馆应当采用高质量的虚拟现实设备和软件，以确保虚拟阅读空间的视觉和听觉效果达到最佳状态。同时，图书馆还需考虑虚拟阅读空间的可持续性发展，包括设备的维护和更新、虚拟环境的不断丰富等方面，以保证长期提供高质量的虚拟阅读服务。

最后，虚拟阅读空间的建设需要与其他数字服务进行有机融合。图书馆可以将虚拟阅读空间与数字图书馆、在线资源平台等数字服务有机结合，为读者提供全方位的数字化服务。例如，通过虚拟现实技术，读者可以在虚拟阅读空间中直接访问数字化馆藏，进行在线阅读、检索、互动等操作。这种融合式的数字服务模式将提高读者在虚拟阅读空间中的参与度，使其在虚拟环境中更方便地获取、利用图书馆的数字资源。

3. 虚拟实境与数字资源融合创新

首先，虚拟实境与数字资源的融合创新为图书馆提供了丰富多彩的服务拓展空间。通过虚拟现实技术，图书馆可以创造出逼真的虚拟环境，结合丰富的数字资源，为读者呈现更为生动的知识世界。在这个创新的基础上，图书馆可以推出一系列虚拟文学沙龙、虚拟历史考察等服务，使得读者能够通过数字资源的虚拟体验更加深入地了解和体验各个领域的知识。

其次，虚拟文学沙龙是数字资源与虚拟实境融合的一种创新服务。通过虚拟现实技术，图书馆可以模拟出具有文学氛围的虚拟场景，如咖啡馆、书吧等，为读者提供仿佛置身于文学沙龙现场的感觉。在虚拟文学沙龙中，读者可以参与文学讨论、作品分享、作家座谈等活动，与其他文学爱好者进行实时互动。同时，结合数字资源，图书馆还可以在虚拟文学沙龙中展示作家的手稿、背后的创作故事等数字化文学资料，为读者提供更为全面的文学体验。

再次，虚拟历史考察是数字资源与虚拟实境结合的另一种创新服务。通过虚拟现实技术，图书馆可以模拟各种历史场景，如古老的城市、战争现场等，为读者提供身临其境的历史体验。在虚拟历史考察中，读者可以参与虚拟的历史事件、与历史人物互动，并通过数字资源获取详尽的历史资料。这样的虚拟历史考察服务不仅能够激发读者对历史的兴趣，也使他们更加深刻地理解历史事件的背景，提高历史学科的学习效果。

再次，虚拟实境与数字资源融合还可以推动跨学科知识的融合。通过虚拟实境技术，图书馆可以模拟出跨学科的虚拟场景，将不同领域的知识融合在一起。例如，在虚拟实境中创建一个科学与艺术的交汇点，读者可以通过数字资源探索科学实验、艺术作品的创作过程，以及科学与艺术相互影响的历史。这样的服务有助于打破学科壁垒，促进不同领域的知识交流和融合，为读者提供更为综合的知识体验。

最后，虚拟实境与数字资源的融合创新也可以通过社交媒体等渠道进行推广。图书馆可以借助社交媒体平台，将虚拟文学沙龙、虚拟历史考察等服务的推广与宣传工作融入其中，吸引更多的读者关注。通过在线社区的互动，读者可以分享在虚拟实境中的体验、交流对数字资源的看法，形成一个共享和互动的数字知识社群。这种推广方式不仅有助于提高图书馆的知名度，还可以促进数字资源与虚拟实境服务的更广泛传播。

（三）社交媒体与数字资源的融合

1. 社交媒体平台的活跃

首先，社交媒体平台的活跃是图书馆数字化服务中不可或缺的一环。通过建立官方社交媒体账号，图书馆可以直接与读者进行互动，及时传递图书馆的最新信息和数字资源动态。社交媒体平台提供了一个开放、便捷的交流空间，使得图书馆能够更加灵活地与读者进行沟通，满足他们多样化的需求。

其次，社交媒体平台的活跃需要图书馆制定明确的社交媒体战略。在建立官方账号的同时，图书馆需要明确社交媒体的定位、目标受众、内容策略等关键要素。制定清晰的社交媒体战略有助于更好地与读者互动，引导他们更加深入地参与数字资源的使用和图书馆的服务。此外，社交媒体战略还应考虑平台选择、发布频率、内容形式等因素，以最大程度地提高社交媒体的活跃度和传播效果。

再次，社交媒体平台的活跃涉及内容的质量和多样性。图书馆应当通过社交媒体发布各类数字资源相关的动态，包括数字化馆藏的新添内容、特别活动的通知、数字资源的使用技巧等。此外，图书馆还可以通过社交媒体推广数字展览、主题讲座等活动，提升这些活动的曝光度，吸引更多读者参与。通过在社交媒体上发布富有吸引力的内容，图书馆能够更好地引导读者关注和利用数字资源，提高数字资源的社交化传播效果。

再次，社交媒体平台的活跃需要与读者建立真实、亲近的互动关系。图书馆应当积极回应读者的留言、评论，参与数字资源相关的讨论话题，提供专业的咨询和帮助。通过直接与读者交流，图书馆能够更好地了解他们的需求和反馈，借此调整和改进数字服务，增强读者对图书馆的信任感和依赖感。建立良好的互动关系有助于培养读者的忠诚度，使其更加积极地参与数字资源的使用和推广。

最后，社交媒体平台的活跃需要注重数据分析和评估。图书馆应当通过社交媒体平台提供的数据分析工具，对发布的内容效果、读者反馈、活跃度等进行定期监测和评估。通过数据分析，图书馆可以深入了解读者的兴趣和偏好，调整社交媒体战略和内容策略，以提高活跃度和传播效果。同时，数据分析还能够为图书馆提供更全面的数字服务评估，指导未来数字资源的开发和推广。

2. 数字资源的社交分享

首先，数字资源的社交分享是图书馆推广数字化服务的重要策略。通过鼓励读者在社交媒体平台上分享他们喜欢的数字资源，图书馆能够借助读者的个人影响力和社交网络，实现数字资源的口碑传播。这种社交分享的方式具有强烈的个人化和信任感，更容易引起其他潜在读者的兴趣，从而提高数字资源的知名度和受众群体。

其次，数字资源的社交分享需要图书馆制定明确的策略和引导机制。图书馆可以通过设立专门的社交分享活动，如分享有奖、话题讨论等，鼓励读者主动在社交媒体上分享数字资源的使用体验。同时，图书馆还可以提供便捷的分享工具和链接，方便读者在社交媒体上分享数字资源的信息。通过引导和激励机制，图书馆可以更好地推动数字资源的社交分享，形成良好的口碑传播效应。

再次，数字资源的社交分享需要关注内容的多样性和质量。图书馆应当鼓励读者分享涵盖不同主题、领域的数字资源，以满足不同读者群体的兴趣。此外，数字资源的社交分享内容也应具备一定的深度和原创性，可以是读者对某一数字资源的评论、使用心得，或是对数字资源背后故事的理解等。这样的分享内容更能引起其他读者的共鸣，增加社交分享的影响力，为数字资源的推广奠定更加坚实的基础。

再次，数字资源的社交分享需要与读者建立紧密的互动关系。图书馆可以通过社交媒体回应读者的分享，回复评论，与读者进行互动讨论，提供进一步的信息和服务。建立起与读者之间的亲密关系有助于增强数字资源的社交分享效果，激发更多读者参与。通过积极参与社交媒体上的互动，图书馆还能够更全面地了解读者的需求和反馈，为数字资源的优化和改进提供有益的参考。

最后，数字资源的社交分享需要充分利用社交媒体平台提供的数据分析工具。通过分析读者在社交媒体上的行为和反馈，图书馆可以了解社交分享的效果，包括点击率、转发率、互动程度等指标。通过这些数据，图书馆可以评估社交分享的影响力和传播效果，根据实际情况进行战略调整和优化。同时，图书馆还可以通过数据分析了解读者对不同数字资源的偏好，为今后的数字资源推广和采购提供有针对性的建议。

3. 社交化阅读体验的构建

首先，社交化阅读体验的构建是图书馆数字化服务创新的一项关键策略。通过社交媒体平台，图书馆可以借助现代通讯工具，创造出更为互动和社交的数字阅读环境。首要的一步是建立数字书评社区。在这个社区中，读者可以分享对数字资源的评价、心得体会，并与其他读者进行交流和讨论。这种数字书评社区旨在促进读者之间的交流互动，形成共同的文学兴趣圈，使阅读变得更加社交化。

其次，社交媒体平台为图书馆提供了开展线上读书会的理想场所。通过社交媒体组织线上读书会，图书馆可以迅速集结对某一数字资源感兴趣的读者，无论他们身处何地。线上读书会不仅可以通过社交媒体实现实时交流，还可以借助在线平台展示数字资源相关的内容，如背后的创作故事、作者的生平等。这种线上读书会的形式在一定程度上扩大了数字资源的社交影响，为读者提供了更为便利的参与方式，促进数字资源的深度使用。

再次，社交化阅读体验的构建需要图书馆采取积极引导的策略。图书馆可以通过社交媒体发布与数字资源相关的话题、挑战、互动活动等，引导读者参与社交化的阅读体验。这种引导不仅能够提高数字资源的曝光度，还可以调动读者的积极性，使他们更主动地在社交媒体上分享自己的阅读心得，增加数字资源的社交互动性。

最后，社交化阅读体验的构建需要借助数据分析工具进行监测和评估。通过社交媒体平台提供的数据分析工具，图书馆可以追踪社交化阅读体验的参与程度、活跃度、传播效果等指标。通过对这些数据的分析，图书馆可以了解哪些数字资源更受欢迎，哪些社交化活动效果更好，以便调整策略和优化服务，提高社交化阅读体验的质量和效果。

第四章　读者服务与管理

第一节　读者服务的数字化转型

一、服务数字化趋势

在数字时代，公共图书馆正经历着从传统到数字化的深刻转变。这一变革不仅涉及服务内容的数字化，还包括服务手段的数字化，旨在提高服务效率、拓展服务领域，更好地迎合读者的多元需求。

（一）服务内容数字化

数字技术的迅猛发展使得图书馆服务的核心内容逐步实现数字化。这一趋势包括对图书馆馆藏、电子书、数字期刊等资源的数字化转变。目标在于提供更为便捷、高效、多元的信息资源，以满足读者在数字时代对多样信息获取的需求。

1. 数字化图书馆馆藏

首先，数字化图书馆馆藏的核心在于将传统的实体书籍、资料以数字形式存储。这一过程涉及对馆内文献、书籍、期刊等信息资源的数字化处理，将其转化为电子文档、数字图像或其他数字化形式，以便更便捷地存储、管理和传播。数字化的过程包括扫描、光学字符识别（OCR）、元数据标注等步骤，以确保数字资源的高质量和可检索性。这样的数字化转变使得图书馆所拥有的丰富馆藏能够以数字形式被更广泛地利用和分享。

其次，数字化图书馆馆藏使得读者更容易访问和利用馆内的资源。通过数字化，读者可以实现线上检索、阅读，不再受限于实体馆藏的开放时间和空间限制。无论读者身处何地，只要有网络连接，便可随时随地获取所需信息，从而打破了传统图书馆在时间和空间上的局限性。这种便捷的访问方式极大地提高了读者的信息获取效率，促进了知识的流通和共享。

再次，数字化图书馆馆藏提升了信息资源的可及性。传统实体馆藏可能受制于馆内空间有限，某些珍贵文献难以随时随地提供给读者。通过数字化，这些文献可以以数字形式保存，使得珍贵资料能够通过网络更广泛地传播，不仅满足了本馆读者的需求，还为全球范围内的学术界、研究者提供了更广泛的资源池。数字化馆藏的可及性还为跨地区、跨国际的学术合作提供了便利，促进了国际学术交流和研究合作。

最后，数字化图书馆馆藏促进了数字资源的长期保存和可持续利用。传统实体资料可能受到时间、自然灾害或人为因素的侵害，容易受损或丢失。而数字资源的备份和存储可以更好地保护信息的完整性和长期保存。此外，数字化馆藏还支持了数字图书馆的建设，为未来的数字时代提供了更为可持续的知识存储和传承。数字化馆藏的建设不仅为当前读者提供了更方便的服务，也为后续的研究和学术探索提供了坚实的基础。

2. 电子书和数字期刊

首先，随着电子书和数字期刊的兴起，图书馆数字化服务的范围得到了显著的扩展。电子书和数字期刊作为数字平台上的主要形式之一，使得图书馆能够为读者提供大量的数字化图书和期刊资源。电子书是以电子形式存储和呈现的书籍，而数字期刊则是以数字化形式出版的周期性刊物。这两种数字化资源的引入，拓展了图书馆馆藏的形式，使得读者在数字平台上可以轻松获取到丰富多样的学术和娱乐阅读材料。

其次，服务内容的数字化不仅仅意味着将纸质书籍数字化，还包括对出版物的新形式的数字化处理。电子书的数字化处理涉及对书籍的扫描、格式转换、数字化标注等技术，以确保数字化的书籍能够在各类数字设备上顺利阅读。数字期刊的数字化处理则包括对期刊内容的全文数字化、在线浏览、检索和下载功能的提供。通过这些数字化处理，图书馆能够为读者提供更加灵活、便捷的阅读体验，不再受到实体图书馆的开放时间和空间的限制。

再次，电子书和数字期刊的数字平台为读者提供了更为灵活和多样的阅读体验。读者可以通过电子设备，如电子阅读器、平板电脑、智能手机等，随时随地访问图书馆的数字化资源。这种便捷的访问方式不仅消除了实体图书馆的地理限制，也使得读者能够自由选择阅读的时间。此外，数字平台上的搜索和检索功能为读者提供了高效的信息查找工具，使他们能够更迅速地找到所需的书籍或期刊，提高了信息获取的效率。

最后，电子书和数字期刊的数字化服务不仅带来了便捷性，还促进了学术交流和合作。通过数字平台，读者能够方便地获取到全球范围内的学术资源，促进了国际学术交流。数字期刊的在线论文发表和全文检索功能，使得研究者更容易分享自己的研究成果，加速了学术知识的传播。此外，数字化服务也为图书馆提供了更好的机会来跟踪读者的阅读行为，进行精准的服务推荐，从而提升图书馆服务的个性化水平。

（二）服务手段数字化

服务手段数字化涵盖了图书馆服务的各个环节，从信息检索到借还书流程。这一趋势主要体现在智能检索系统、移动端应用和在线问答与咨询平台等数字化服务工具的广泛应用。

1. 智能检索系统

首先，智能检索系统的数字化转型是图书馆为提高读者对馆内资源查找效率而采取的一项关键举措。随着信息量的急剧增加，传统的检索系统已经无法满足读者对更精准、更个性化服务的需求。引入智能检索系统是对这一问题的创新型解决方案。该系统通过整合先进的检索算法和人工智能技术，实现对海量信息的智能化管理，为读者提供更为准确、高效的资源搜索服务。

其次，智能检索系统的核心特征之一是先进的检索算法的应用。传统的检索系统通常基于关键词匹配，但这种方式存在语义歧义和检索结果精度不高的问题。智能检索系统采用更为先进的算法，如自然语言处理（NLP）、机器学习等，能够理解用户查询的语义，识别查询意图，从而更准确地匹配相关资源。通过深度学习和模型训练，系统能够不断优化检索算法，逐步提高搜索结果的精准度和用户满意度。

再次，智能检索系统具备个性化搜索的能力。通过分析读者的历史搜索记录、借阅记录、兴趣标签等信息，系统可以建立用户画像，深入了解用户的偏好和需求。基于这些信息，系统能够为每位用户提供个性化的搜索结果，使得搜索更加贴近用户的实际需求。个性化搜索不仅提高了用户的检索效率，还增强了用户对图书馆服务的满意度，促进了用户与图书馆的互动与合作。

然后，智能检索系统还能够处理多媒体类型的信息。传统的检索系统主要针对文本信息，而随着数字化服务的不断发展，图书馆馆藏中包含了丰富的多媒体资源，如图片、音频、视频等。智能检索系统具备对多媒体信息进行智能检索和分析的能力，使得读者能够更便捷地获取多元化的资源。这种功能的引入拓展了图书馆服务的维度，为读者提供了更为全面的信息体验。

最后，智能检索系统的数字化转型促使了图书馆服务的全面升级。该系统不仅提高了资源的检索效率，也加强了图书馆与读者之间的互动。通过分析读者的使用数据，图书馆可以更好地了解用户需求，为数字化服务的优化和扩展提供依据。这种数据驱动的服务创新为图书馆构建了更智能、更灵活的服务体系，使得图书馆能够更好地适应信息社会的发展趋势。

2.移动端应用

首先，移动端应用的数字化服务是图书馆服务向更贴近读者生活、更具便捷性发展的战略之一。随着移动设备的普及，移动端应用为图书馆提供了一个便捷的数字化平台，使得读者能够随时随地通过手机或平板电脑访问图书馆的丰富资源。这一数字化服务的首要目标是提升用户体验，让读者更方便地获取、利用图书馆的服务。

其次，移动端应用为读者提供了一系列便捷的功能。在线预约是其中的一个重要功能，读者可以通过移动端应用提前预约所需图书，避免了到实体图书馆现场的等待时间，提高了借阅效率。借还书功能也得到了数字化的升级，读者可以通过应用直接进行图书的借阅和归还，无需再排队等候。此外，移动端应用还支持图书续借、查阅借阅历史记录等多项功能，为读者提供了全方位、便捷的图书馆服务体验。

再次，移动端应用数字化服务加强了服务的灵活性。通过应用，图书馆能够更好地适应读者多样化的需求，提供个性化的服务。例如，应用可以根据读者的阅读历史和兴趣推送相关图书推荐，实现个性化推荐服务。同时，移动端应用还支持多语言、多媒体的展示方式，满足不同读者群体的需求，提高服务的灵活性和适用性。

然后，移动端应用为图书馆提供了更直观的读者互动界面。通过应用，图书馆可以发布最新的活动信息、展览通告、数字资源推介等，实现与读者的及时沟通。读者可以在应用中参与互动，例如在线参与数字资源的评论和评分，提出服务建议等。这种实时互动机制强化了图书馆与读者之间的联系，使得图书馆能够更及时地了解读者的需求，调整和优化服务。

最后，移动端应用数字化服务推动了图书馆服务的全面升级。通过应用，图书馆能够收集大量有关读者行为和需求的数据，借助数据分析工具，图书馆可以更好地了解用户群体，制定更科学的服务策略。同时，移动端应用还为图书馆提供了推广数字资源、举办线上活动、开展数字展览等更为广泛的服务平台，拓展了图书馆服务的形式和内容。

3. 在线问答与咨询平台

首先，在线问答与咨询平台的数字化转型是图书馆服务创新的一大亮点。这一转型使得图书馆能够通过即时通信和远程服务的方式，为读者提供实时、便捷的咨询服务。传统的图书馆咨询模式受限于实体图书馆的开放时间和地点，而在线问答与咨询平台打破了这一限制，使得读者可以随时随地与图书馆工作人员进行沟通，提高了服务的灵活性和及时性。

其次，数字化转型拓展了图书馆服务的时间范围。通过在线问答与咨询平台，读者不再受制于图书馆的开放时间，可以随时进行咨询。这种全天候的服务模式有助于满足不同读者群体的需求，尤其是那些由于工作或其他原因无法在正常工作时间访问图书馆的读者。这一便捷的服务形式提高了图书馆服务的普惠性，使得更多人能够充分利用图书馆的资源和咨询服务。

再次，数字化转型提升了咨询服务的效率。通过在线问答与咨询平台，读者可以迅速获取问题的解答，无需等待。这一实时的咨询模式缩短了用户获取信息的时间，提高了服务的效率。同时，图书馆工作人员可以更方便地管理咨询流程，追踪问题解决情况，为读者提供更专业、精准的服务。这种高效的咨询模式提升了图书馆服务的水平，增强了用户对图书馆的信任感和满意度。

然后，数字化转型加强了图书馆与读者之间的互动。通过在线问答与咨询平台，读者可以提出问题、分享意见，与图书馆工作人员进行实时互动。这种互动模式不仅增强了图书馆与读者之间的沟通，也为图书馆收集读者反馈提供了有力的渠道。通过分析咨询平台上的交流数据，图书馆可以更深入地了解读者的需求，调整服务策略，更好地满足读者的期望。

最后，数字化转型为图书馆构建了更为全面的服务体系。在线问答与咨询平台不仅为读者提供了即时咨询服务，还可以作为图书馆开展在线培训、举办线上活动的平台。这种服务形式的引入丰富了图书馆的服务内容，使得图书馆能够更全面地满足读者在知识获取、学术交流等方面的需求。数字化转型为图书馆提供了更多创新服务的机会，使得图书馆不仅是资源的仓库，更是知识的交流平台。

二、数字化服务工具

（一）智能检索系统

1. 智能检索系统的基本原理

首先，智能检索系统的基本原理涉及先进的检索算法的应用。传统的检索系统主要依赖于关键词匹配，而智能检索系统引入了更为先进的算法，如自然语言处理、机器学习等。这些算法使系统能够理解用户输入的查询语句，分析语义关系，识别查询意图，并根据这些信息进行智能化的搜索。通过不断学习和优化，系统可以提高搜索结果的准确性和用户满意度。

其次，智能检索系统的基本原理包括人工智能技术的应用。人工智能在智能检索系统中起到关键作用，其主要体现在机器学习和深度学习方面。系统通过对大量的数据进行训练，学习读者的检索行为、兴趣偏好等信息，建立个性化的用户模型。深度学习算法使系统能够从复杂的数据中学习抽象的特征，更好地理解和预测用户需求。这种智能学习机制使得系统能够逐步优化搜索策略，提供更符合用户期望的搜索结果。

再次，智能检索系统的基本原理涉及大数据的分析和处理。系统通过收集和分析大量的用户数据，包括检索历史、点击行为、借阅记录等，从中挖掘出用户的潜在需求和兴趣点。大数据分析为系统提供了更全面、精准的用户画像，使得个性化的搜索服务得以实现。同时，系统还可以通过大数据分析预测用户可能感兴趣的新领域或新资源，为用户提供更具有针对性的推荐服务。

然后，智能检索系统的基本原理包括推荐系统的应用。推荐系统是智能检索系统的重要组成部分，通过分析用户的历史行为和兴趣，为用户推荐可能感兴趣的图书、文章或其他资源。基于协同过滤、内容过滤等推荐算法，系统可以精准地为用户匹配个性化的推荐结果，提高用户体验。推荐系统的运用使得系统具备了更为智能和贴近用户需求的检索能力。

最后，智能检索系统的基本原理还包括自动化管理和优化。系统通过自动化的方式管理馆藏资源，包括数字化、标注、分类等过程，以确保馆藏信息的准确性和完整性。同时，系统还能够自动化优化检索算法，根据用户的反馈和行为进行调整，不断提升检索效果。这种自动化的管理和优化机制使得系统能够更加灵活、高效地应对不断变化的用户需求和信息环境。

2. 智能检索系统的实际运作

首先，智能检索系统的实际运作始于对读者数据的收集与分析。系统会积累大量的读者数据，包括检索历史、阅读行为、点击偏好、借阅记录等。通过这些数据，系统建立起对每位读者的个性化用户画像。这个画像涵盖了读者的兴趣、阅读偏好、搜索习惯等方面的信息，为系统提供了深入了解读者需求的基础。

其次，当读者进行检索时，系统会运用先进的算法和人工智能技术。这些算法涉及自然语言处理、机器学习等领域，能够理解用户的查询语句，分析语义关系，识别查询意图。通过对这些信息的深度学习，系统能够精准地捕捉到用户的需求，从而为用户提供更为智能和个性化的搜索结果。

再次，系统利用建立的用户画像为读者推荐相关性更高的图书或资料。这个推荐过程不仅基于读者的当前查询，还考虑了其过去的检索历史和阅读行为。系统会综合考虑多个因素，如关键词匹配、阅读频率、相似用户的行为等，通过推荐算法为用户提供最符合其兴趣和需求的图书或资料。

其次，智能检索系统实现了实时性的更新和调整。随着读者的行为和兴趣的变化，系统能够及时地调整个性化推荐策略。通过不断学习和优化，系统能够适应读者兴趣的演变，确保推荐结果的准确性和实用性。这种实时性地更新是传统检索系统所不具备的特点，使得系统能够更好地跟随用户的信息需求变化。

最后，智能检索系统的实际运作突破了传统检索系统的限制，为用户提供更为智能和个性化的服务。用户通过系统进行检索时，不再受制于简单的关键词匹配，而是能够享受到基于深度学习和大数据分析的高级算法的服务。系统的个性化推荐使得用户能够更快速地找到符合其需求的图书或资料，提高了检索的效率和准确性。

（二）移动端应用

移动端应用是数字化时代图书馆服务的创新之一，其意义在于将服务推向用户的生活场景，使得读者能够更加便捷地享受图书馆资源和服务。通过移动端应用，图书馆能够实现与读者之间的无缝连接，提升服务的时效性和个性化。

1. 移动端应用的功能特点

首先，移动端应用的功能特点之一是数字化馆藏的在线浏览。通过应用，读者可以随时随地浏览图书馆的数字化馆藏，包括电子书籍、期刊、多媒体资源等。这一特点使得读者无需亲临图书馆，即可在移动设备上获取所需资料。在线浏览的方式不仅提高了读者对馆藏资源的可访问性，也符合现代社会对信息即时获取的需求。

其次，移动端应用的功能包括个人借阅历史的查看。通过应用，读者可以轻松地查看自己的借阅历史，包括借阅的图书、阅读时间、归还日期等信息。这种个人借阅历史的查看功能不仅让读者能够了解自己的阅读行为，还有助于读者制定更有效的阅读计划，提高阅读的针对性和效果。

再次，移动端应用通过预约图书的功能提高了服务的灵活性。读者可以在应用上预约所需图书，提前安排自己的阅读计划。这种预约功能不仅避免了由于图书馆实际馆藏情况导致的无法借阅的问题，还使得读者能够更加便捷地获取到所需资源。预约功能的引入有助于优化图书馆资源的利用，提高服务的效率。

此外，移动端应用提供了借还书的在线操作。读者可以通过应用完成借阅和归还图书的过程，无需亲自前往图书馆。这一功能大大提高了服务的便捷性，尤其对于那些时间紧张或居住地点较远的读者而言，更是一项重要的服务。借还书的在线操作使得图书馆服务能够更好地融入读者的生活，提供更灵活、高效的借阅体验。

最后，移动端应用还具有推送通知的功能。通过推送通知，图书馆可以向读者发送相关的消息，包括到期提醒、新书上架通知、馆内活动信息等。这种个性化的通知服务使得读者能够及时获取到与自己切切的图书馆信息，提高了图书馆服务的亲和力。

2. 移动端应用的设计原则

首先，移动端应用设计的原则之一是简洁清晰。简洁的界面能够降低用户的认知负担，使用户更容易理解和应用。清晰的设计能够使用户在应用中迅速找到需要的功能和信息，避免用户迷失在复杂的界面结构中。采用简洁清晰的设计有助于提高用户的满意度，使用户能够更轻松地完成他们的任务。

其次，移动端应用设计需要符合用户习惯。用户习惯是用户在长期使用移动设备和应用过程中养成的一种操作方式和期望。设计应考虑用户的习惯，遵循通用的交互模式和界面布局，使用户在初次使用应用时就感到熟悉和舒适。符合用户习惯的设计有助于降低用户学习成本，提高用户对应用的接受度。

再次，便捷快速的交互流程是移动端应用设计的重要原则。在有限的屏幕空间和用户时间内，应用需要提供直观且高效的交互方式。例如，采用简单的手势、按钮设计，减少操作步骤，确保用户能够迅速完成任务。快速便捷的交互流程有助于提高用户的使用体验，增强用户对应用的满意度。

移动端应用设计需要考虑多设备和多系统的兼容性。由于移动设备和操作系统的多样性，应用需要在不同屏幕尺寸和操作系统上都能够正常运行。采用响应式设计或适配不同屏幕尺寸的布局，确保应用在各种设备上都能够提供一致的用户体验。同时，应用需要考虑到不同操作系统的特点和限制，确保在不同平台上的兼容性。

最后，用户参与是移动端应用设计的重要原则。设计应该考虑用户的反馈和建议，通过用户测试和调查等方式了解用户的需求和期望。用户参与设计过程可以帮助发现潜在的问题和改进点，从而更好地满足用户的需求。通过持续的用户参与，应用设计可以不断地进行优化和改进，保持与用户期望的一致性。

（三）在线问答与咨询平台

1. 在线问答与咨询平台的背景

首先，在线问答与咨询平台的建立是紧密跟随信息时代发展的产物。信息时代的兴起带来了信息的爆炸性增长，包括各种学科领域的新知识、研究成果等。在这个背景下，读者对于获取及时、准确信息的需求也随之增加。传统的图书馆服务模式往往无法满足读者对即时性咨询的迫切需求，于是在线问答与咨询平台应运而生。

其次，在线问答与咨询平台的建立是为了更好地应对读者的实时咨询需求。在传统图书馆服务中，读者通常需要亲自前往图书馆或通过电话等方式进行咨询，这样的服务模式在时间和地点上存在限制。而在线问答与咨询平台通过即时通信和远程服务的方式，使得读者能够在任何时间、任何地点通过数字化平台向图书馆咨询问题，大大提高了服务的及时性和便捷性。

再次，在线问答与咨询平台的建立是为了更好地利用科技手段提升图书馆服务的效率。通过在线平台，图书馆可以实现与读者之间的实时交流，快速解答读者的问题，无论是关于图书馆馆藏的咨询、检索问题，还是有关学术信息和研究方向的咨询。这种科技手段的运用不仅提高了服务的效率，也为图书馆实现数字化转型提供了有力支持。

最后，在线问答与咨询平台的建立是为了推动图书馆服务向更加用户中心的方向发展。通过在线平台，图书馆能够更加及时地获取读者的反馈和需求，了解他们的关切点和困扰，从而更好地优化和调整服务。这种用户中心的服务模式有助于建立图书馆与读者之间更为紧密的联系，提高服务的个性化和贴近性。

2. 平台的实际运作

首先，在在线问答与咨询平台的实际运作中，读者可以通过图书馆提供的网页或专用应用上的即时通信工具与图书馆工作人员进行实时沟通。这一沟通方式为读者提供了更加便捷、即时的咨询渠道，使得他们能够在任何时间、任何地点都能够与图书馆专业人员进行交流。

其次，读者在平台上可以提出关于图书馆资源、服务流程等方面的问题。这包括对馆藏图书的咨询、检索方法的了解、馆内活动的了解等。通过在线咨询，读者能够迅速获取到需要的信息，避免了传统咨询方式中需要等待的不便利，提高了信息获取的效率。

再次，平台支持多样化的咨询形式，包括文字、语音，甚至视频。这种多样化的咨询形式使得读者可以根据自己的需求和偏好选择合适的沟通方式。文字咨询适用于简单、明了的问题，语音和视频咨询则更适合涉及复杂信息、需要更详细解释的情况。通过提供多种咨询形式，平台更全面地满足了读者的需求，提高了咨询服务的贴近度和个性化程度。

最后，平台不仅提供答疑解惑的功能，还在咨询过程中为读者提供相关引导和建议。图书馆工作人员可以根据读者的问题，提供进一步的资源推荐、检索技巧、学术研究方向等方面的指导，使得咨询不仅仅是简单的信息传递，更是一种知识引导和学术支持。这种引导和建议不仅提高了咨询服务的专业性，也有助于读者更好地利用图书馆的资源和服务。

第二节 读者需求的多元化满足

一、读者需求的分类

（一）信息获取需求

1. 数字化时代的读者需求

随着数字时代的全面来临，读者对信息的需求呈现出多元化和数字化的趋势。传统的实体书籍仍然是阅读的一部分，但读者对各类数字资源的需求在不断增长。电子书、数据库、在线期刊等数字化资源为读者提供了更广泛的知识获取途径。图书馆在满足这一需求上面临着更为复杂的挑战，需要不断扩充数字资源的种类，确保其质量、多样性以及易访问性。

2. 数字资源的扩充与管理

数字时代的图书馆需要不断扩充数字资源的种类，以满足读者对不同主题和领域的需求。这可能涉及与出版商、在线数据库提供商的合作，确保数字资源的内容质量和多样性。同时，图书馆需要建立高效的数字资源管理系统，以确保这些资源能够被有效地存储、分类和检索。对于不同类型的数字资源，如电子书、数据库、在线期刊，需要建立相应的管理标准和工作流程。

3. 数字资源与实体资源的有机融合

在满足数字资源需求的同时，图书馆还需关注数字资源与传统实体资源的融合。数字时代的图书馆不应将数字化和实体化视为对立的关系，而是要寻求二者的有机结合。这可以通过数字化的方式呈现实体馆藏，如数字化图书馆馆藏的展示，将实体馆藏数字化，提供在线阅览服务等。通过这种方式，读者可以方便地在数字平台上获取和体验到传统实体馆藏的内容，实现了数字资源和实体资源的更好整合。

（二）服务体验需求

1.服务便捷性的重要性

在数字化服务的时代，服务的便捷性对读者体验至关重要。服务便捷性指在使用图书馆服务的全过程中，读者能够更加迅速、方便地达到目的。这需要图书馆建设更智能、高效的服务系统，例如智能借还书设备、自动化的预约系统等。通过优化流程和引入先进技术，可以缩短读者借阅时间，提高服务效率，使得图书馆的服务更符合读者的期望。

2.个性化定制服务的实现

个性化定制服务是适应多样化读者需求的有效途径。通过深度学习和大数据分析，图书馆可以更好地了解读者的借阅历史、兴趣爱好等信息，为其提供更符合个体需求的服务。个性化推荐系统是其中的典型例子，通过分析读者的阅读偏好，为其推荐更相关、感兴趣的图书和数字资源。这不仅提高了读者的满意度，也促使了馆藏资源更有效地被利用。

3.服务体验与图书馆声誉的关联

服务体验直接关系到读者对图书馆的整体印象和信任度。良好的服务体验有助于建立图书馆的良好声誉，进而吸引更多读者。通过积极回应读者反馈，提高服务质量，以及注重服务的用户友好性，图书馆可以在竞争激烈的数字服务领域中脱颖而出。服务体验的提升不仅关乎个别服务环节的改进，更是图书馆整体运营战略的重要一环。

二、多元化满足策略

（一）个性化推荐服务

1.大数据分析与推荐系统的整合

随着大数据技术的迅猛发展，图书馆可以充分利用大数据分析方法，深入挖掘读者的借阅历史、检索行为、阅读兴趣等信息。通过建立先进的推荐系统，可以更加全面、精准地理解读者的需求。推荐系统不仅可以基于图书的元数据进行推荐，还能够结合读者的个人喜好、阅读习惯，为其提供更具个性化的数字资源推荐。

2. 跨媒体资源的全方位推荐

个性化推荐服务不再局限于图书，而是扩展到跨媒体资源，包括音频、视频等。通过综合考虑读者对不同媒体的兴趣，推荐系统可以为读者提供更为多元、全方位的数字资源推荐。这有助于满足读者多样化的阅读需求，使其能够更全面地利用图书馆的数字资源。

3. 推荐算法的优化与读者参与的结合

为提高推荐系统的准确性，图书馆可以不断优化推荐算法，采用协同过滤、深度学习等技术，提高推荐的精准性和实时性。同时，鼓励读者参与推荐系统的建设，通过读者的反馈和评价，不断改进推荐策略。读者参与不仅能够提高系统的适应性，还能够增强读者对图书馆数字服务的参与感和满意度。

（二）定制化培训服务

1. 个性化培训计划的制定

在提供定制化培训服务时，图书馆可以通过了解读者的信息素养水平、专业领域和学科需求，制定个性化培训计划。通过定期的需求调查和评估，图书馆可以深入了解读者在信息素养方面的差异性，从而有针对性地开展培训活动。这不仅包括了数字资源的使用方法，还可以涵盖信息检索、学术写作、学术诚信等方面，以全面提升读者的信息素养。

2. 多层次的培训形式

针对不同层次的读者，图书馆可以提供多层次的培训形式。对于初学者，可以开设入门级的培训班，介绍数字资源的基本使用方法。对于进阶读者，可以提供专业领域的深度培训，帮助他们更深入地利用数字资源进行研究和学术工作。这种多层次的培训形式有助于满足不同层次读者的需求，提升他们在信息素养方面的水平。

3. 利用新技术手段的培训方式

随着科技的发展，图书馆可以通过利用新技术手段，如虚拟现实、在线直播等，为读者提供更为生动、直观的培训体验。通过虚拟实境技术，读者可以在模拟的环境中学习数字资源的使用，增强学习的趣味性和参与感。同时，通过在线直播，图书馆可以打破地域限制，为更多读者提供培训服务，提高信息素养的普及率。

第三节　读者活动的创新与策划

一、活动创新的意义

活动创新是图书馆服务的一种重要手段，能够吸引读者参与、增加读者黏性，同时丰富图书馆的文化内涵。创新活动有助于打破传统图书馆沉闷的印象，提高读者对图书馆的兴趣。

（一）吸引读者的积极参与

1. 活动设计的新颖性

首先，活动创新的新颖性在于对先进科技手段的巧妙运用。通过引入最新的科技元素，例如虚拟现实、增强现实等技术，图书馆可以设计出富有创意和互动性的活动。举例而言，可以创建虚拟图书馆之旅，使读者能够在虚拟环境中浏览图书馆的各个角落，感受馆内氛围。这样的活动不仅提供了全新的阅读体验，还创造了一种数字化的互动交流方式，激发了读者对图书馆服务的兴趣。

其次，新颖的活动设计可以通过引入独特的艺术表现形式来实现。这包括在图书馆内组织艺术展览、文学沙龙、艺术家讲座等活动，以丰富图书馆的文化氛围。此外，可以与当地艺术家合作，进行文学与艺术的跨界融合，创造出独特的文化体验。通过艺术表现形式的引入，活动设计将更加多元，为读者提供了与传统图书馆活动截然不同的体验。

再次，多媒体元素的巧妙运用也是活动设计新颖性的关键。通过整合音频、视频、互动展示等多媒体元素，图书馆可以创造更具动感和视听效果的活动。例如，可以组织数字资源展示活动，通过多媒体形式呈现图书馆珍贵的数字收藏，使读者能够以更生动的方式了解图书馆的丰富资源。这样的设计既提高了数字资源的曝光度，也增加了活动的吸引力，使读者更愿意积极参与。

最后，新颖的活动设计还可以通过引入游戏化元素来实现。游戏化设计可以激发读者的参与欲望，使活动更富有趣味性。例如，可以设计数字解谜游戏，让读者在解答问题的过程中了解图书馆的历史、文化，从而提高学习的趣味性。这样的活动设计既具有教育性质，又能够在游戏的过程中让读者享受到参与的乐趣。

2. 互动性的提升

首先，在提升活动互动性方面，可以通过设置丰富的互动环节来激发读者的积极参与。例如，可以设计问答环节，邀请专业人员与读者互动讨论，提出问题并即时回答读者的疑问。这种互动环节不仅促使读者主动参与讨论，还加深了他们对于活动主题的理解。同时，可以运用科技手段，设置实时在线投票或调查环节，收集读者的意见和反馈，使活动更具有参与感和反馈性。

其次，通过设立展示摊位，可以为读者提供更多实际参与的机会。图书馆可以邀请相关机构、出版社、科技公司等设置展位，展示最新的数字资源、科技应用或图书馆服务。读者可以与展商互动，了解数字资源的具体应用和相关服务。这种实际参与不仅扩大了读者对图书馆资源的了解，还促进了图书馆与外部机构的合作，增强了活动的实用性。

再次，组织小组活动是提高互动性的有效手段。通过分组讨论、小组任务等形式，图书馆可以鼓励读者在小组内分享观点、交流经验，共同解决问题。例如，可以组织数字资源应用创意大赛，让不同小组提出创新的数字资源利用方案。这种小组活动不仅加深了读者之间的互动，还培养了他们团队协作和创新思维的能力。

最后，通过社交媒体等平台进行线上互动，可以进一步提升活动的互动性。在活动进行过程中，通过设立特定的活动标签，鼓励读者在社交媒体上分享活动经历、见解和照片。这种线上互动不仅拓展了活动的参与范围，还通过社交媒体的传播效应扩大了活动的影响力。图书馆可以设置线上互动环节，回复读者的留言、提问，形成线上线下互动的良好反馈机制。

3. 关注读者兴趣点

首先，在关注读者兴趣点方面，市场调研是一个至关重要的步骤。通过市场调研，图书馆可以收集到读者的反馈和建议，了解他们的喜好、期望以及对于图书馆服务的期待。这可以通过定期的问卷调查、焦点小组讨论等方式进行。通过分析调研结果，图书馆能够把握读者的兴趣点，为后续活动设计提供有力的数据支持。

其次，深入分析借阅数据是了解读者兴趣点的重要途径。通过对借阅记录的统计分析，图书馆可以发现读者的偏好领域、热门书籍等信息。这种数据分析不仅帮助图书馆更好地了解读者的兴趣点，还可以为推荐相关图书、组织相关主题的活动提供有针对性的依据。借阅数据的深度挖掘使图书馆能够更精准地满足读者的需求，提高活动的吸引力。

再次，通过数字化手段获取读者兴趣信息也是关键。图书馆可以通过读者的在线活动、图书馆网站浏览记录、数字资源使用情况等渠道获取读者的兴趣点。利用这些数字足迹，图书馆可以建立个性化的读者画像，更加精准地了解他们的兴趣领域。通过运用人工智能等技术，图书馆还可以实现对读者兴趣的实时监测，使活动设计更加灵活和贴合读者的实际需求。

最后，根据收集到的兴趣点信息，设计更符合读者口味的活动是至关重要的。这可能包括举办专题讲座、主题展览、读书分享会等。如果数据显示读者对某一特定主题的图书借阅率较高，图书馆可以组织相关专家举办讲座，并邀请读者参与讨论。这样的活动设计既贴合了读者的兴趣，又使得活动更有深度和专业性。

（二）增加读者的黏性

1. 多样化的活动内容

首先，为了提供多样化的文化活动内容，图书馆可以策划主题多元的艺术展览。这包括绘画、摄影、雕塑等不同形式的艺术展，以展示本地和国际艺术家的作品。通过丰富多彩的文化活动，读者有机会欣赏到不同艺术流派和风格的作品，从而丰富他们的文化阅历，促进跨文化交流。此外，艺术家座谈会、创作研讨会等活动也可以与艺术展览相结合，提供更深入的学术交流和互动。

其次，在教育方面，图书馆可以组织丰富的学术讲座和研讨会，邀请专业领域的学者、行业专家进行分享和讨论。这有助于满足读者对专业知识的需求，提高他们的学术素养。此外，针对不同年龄段的读者，图书馆还可以开展课程和培训活动，如儿童故事会、青少年写作班等，以促进阅读和学习的乐趣，培养读者的终身学习意识。

再次，图书馆可以通过组织各类娱乐活动来提供轻松愉快的文娱体验。这包括电影放映、音乐会、文艺演出等。特别是在数字化服务的背景下，图书馆还可以开设虚拟现实体验活动，让读者通过先进的科技手段参与互动，增强活动的趣味性和吸引力。通过娱乐活动，图书馆可以吸引更广泛的读者群体，让图书馆成为一个充满活力和娱乐性的社区中心。

最后，在提供多样化的活动内容方面，图书馆还可以举办社会关注类的公益活动。通过合作伙伴关系，组织社区服务活动、慈善义卖等，使图书馆成为社区参与的平台。这种活动不仅能够促进社区凝聚力，还可以弘扬社会责任感，让图书馆在社会中扮演更积极的角色。

2. 互动与参与的机会

首先，为了提供更多主动参与的机会，图书馆可以设立读者投稿活动。通过主题征集，图书馆鼓励读者分享自己的文学作品、观点、评论等，以促进读者之间的文学交流和共享。这种读者投稿活动不仅为读者提供了展示个人才华的平台，也为图书馆的文学氛围注入了新鲜的血液。图书馆可以定期组织评选活动，奖励优秀的投稿，激励更多读者积极参与。

其次，图书馆可以通过设立读者交流平台来促进读者之间的互动。这可以是一个在线社交平台，也可以是实体空间中的读者交流角。通过这样的平台，读者可以分享阅读心得、推荐好书、提出问题，形成一个开放的知识共享空间。图书馆还可以邀请专业人士或作家加入交流平台，与读者进行线上或线下的讨论，提高活动的专业性和深度。

再次，图书馆可以组织读者研讨会和读书俱乐部等活动，提供更深入的参与机会。通过选定特定主题，鼓励读者提前阅读相关书籍，然后在研讨会上展开深入的讨论。这种形式的活动既促进了读者对特定主题的深度思考，也为他们提供了结交志同道合的读者的机会。图书馆可以提供必要的资源支持，如活动场地、图书借阅等，以鼓励更多读者组织并参与这样的研讨会和俱乐部。

最后，在数字化服务的背景下，图书馆还可以开设在线论坛和虚拟沙龙，为读者提供更灵活的参与方式。通过这种形式，读者无论身在何处都能参与讨论、分享观点。图书馆可以设置专题讨论板块，邀请专业人士进行在线讲座，提供更为便捷而丰富的互动体验。

3. 个性化服务与关怀

首先，为了实现个性化服务，图书馆可以建立读者档案系统。通过记录读者的活动参与历史、借阅偏好、参与的研讨会和活动等信息，图书馆可以构建详细的读者档案，了解每位读者的兴趣和需求。这些数据可以通过先进的数据分析技术进行深入挖掘，为图书馆提供洞察读者行为的关键信息。通过这样的个性化服务，图书馆可以更精准地了解读者的阅读偏好，为其提供更符合兴趣的图书推荐，提高服务的个性化程度。

其次，通过引入智能技术，如机器学习和自然语言处理，图书馆可以对读者的反馈意见进行更深入的分析。读者在活动中的互动、提出的建议和意见都是宝贵的资源。通过智能技术的应用，图书馆可以系统地收集和分析这些反馈信息，从中发现读者的需求和期望。根据这些反馈，图书馆可以调整活动内容、改进服务体验，进而提高读者满意度。

再次，图书馆可以通过定期的读者调查和问卷调查，主动收集读者的意见和建议。这种主动的反馈机制可以更全面地了解读者的需求，为图书馆提供有针对性的改进方案。通过分析调查结果，图书馆可以优化活动设计、调整服务策略，以更好地满足读者的期望。

最后，在数字化服务的背景下，图书馆可以利用大数据分析技术，实时监测读者的活动数据。通过分析读者在数字平台上的行为，包括浏览记录、搜索关键词等，图书馆可以更好地了解读者的兴趣和需求。基于这些数据，图书馆可以推送个性化的数字资源推荐，提高数字化服务的个性化水平。

（三）为图书馆注入新的文化内涵

1. 突出地域文化特色

首先，图书馆可以通过开展本地历史与文化的主题活动，深入挖掘和展示社区的历史渊源。例如，可以策划举办本地历史展览，通过展示古老的照片、文献资料以及口述历史，向社区居民展示当地的发展历程和文化传承。同时，可以邀请当地历史学者或文化专家举办讲座，深入解读社区的历史演变，增加活动的专业性和学术价值。

其次，通过举办传统文化体验活动，图书馆可以使社区居民更加深入地了解本地独有的传统文化。例如，可以组织传统手工艺制作工作坊，让居民亲身体验传统手工技艺；还可以举办传统美食分享会，通过烹饪和品尝当地特色美食，弘扬本地饮食文化。这种活动不仅丰富了社区居民的日常生活，也促进了本地传统文化的传承和弘扬。

再次，通过与当地艺术家和文化团体的合作，图书馆可以推出具有地域特色的文化艺术活动。例如，可以邀请当地画家进行艺术创作展览，展示本地风土人情的艺术呈现；还可以与本地音乐团体合作，举办音乐会或音乐节，展现当地音乐文化的独特魅力。这样的合作既能够激发社区居民对本地文化的兴趣，也有助于当地艺术家和文化从业者的发展。

最后，在数字化时代，图书馆可以通过创建本地文化数字档案，将本地历史、传统文化以及艺术创作数字化保存。这样的数字档案可以在网上展览，不仅方便社区居民随时了解本地文化，也能够吸引更多的网络用户关注和参与。同时，通过数字平台，图书馆还可以开展在线的本地文化主题讲座、讨论和互动活动，推动地域文化的传播与交流。

2. 与社区合作与互动

首先，通过与社区学校的合作，图书馆可以举办针对不同年龄层次的读者的教育活动。例如，可以与学校合作开展读书推广计划，邀请学生参加读书分享会、文学讲座等。这种合作不仅能够促进阅读文化在社区中的传播，也能够为学生提供更多的阅读资源和学习机会。此外，图书馆还可以与学校合作开设读者培训课程，教授阅读和信息检索的技能，提升读者的信息素养。

其次，与社区的文化机构和艺术家合作，图书馆可以举办文化艺术活动。例如，可以邀请艺术家在图书馆展示他们的作品，举办艺术展览。这样的合作不仅能够为图书馆增色，也能够为艺术家提供更多的展示平台。此外，可以组织文学沙龙、音乐会、戏剧表演等多样化的文化活动，吸引更多社区居民参与。通过与社区文化机构的合作，图书馆可以为社区居民提供更为丰富的文化体验。

再次，通过与社区的非营利组织合作，图书馆可以参与社会公益活动。例如，可以与环保组织合作，举办关于环保知识的讲座和展览。这样的合作不仅能够提高社区居民对环保问题的关注度，也能够为图书馆树立社会责任的形象。此外，还可以与社区志愿者组织合作，共同举办社区服务活动，如义工培训、社区清理等，提升图书馆在社区中的社会影响力。

最后，通过与当地产业和商业机构的合作，图书馆可以举办经济发展和创业培训活动。例如，可以邀请成功企业家进行经验分享，举办创业沙龙。这样的合作不仅能够为社区居民提供创业的机会和资源支持，也能够促进当地经济的发展。此外，图书馆还可以与当地企业合作，共同举办社区市集和商业展览，为社区居民提供购物和交流的场所。

3. 文化传承与创新的平衡

首先，图书馆在进行创新活动时，应该深刻理解和传承本身的传统文化。通过对图书馆历史的研究和对传统文献的整理，可以找到具有代表性的传统元素。例如，可以通过展览、讲座等方式，向社区居民介绍图书馆的历史渊源，让他们更好地理解和感受图书馆的传统文化底蕴。这有助于形成图书馆的独特品牌形象，同时也为创新活动提供了有力的文化支持。

其次，图书馆在引入创新元素时，要充分考虑传统文化的特点和核心价值，确保创新活动与传统文化相融合、相呼应。例如，可以以传统文学作品为基础，创新推出数字展览或虚拟阅读空间，使得传统文学得以在数字化时代焕发新的生命力。在音乐领域，可以结合传统音乐元素，创新举办音乐节或演奏会，使得传统音乐在现代社会中得以传承。

再次，图书馆在创新活动中，应该通过与当地文化传承人、专业研究机构等的合作，借鉴传统文化的研究成果，充实创新活动的内涵。这可以通过举办传统文化讲座、工艺制作展示等方式实现。通过与传统文化专家深入交流，图书馆可以更好地理解传统文化的深层次内涵，使得创新活动更具专业性和学术价值。

最后，图书馆在创新活动的过程中，应该注重社区居民的反馈和参与。通过开展座谈会、调查问卷等形式，了解社区居民对传统文化的认知和需求，及时调整和优化创新活动的方向。在活动的组织过程中，也可以邀请社区居民参与活动的策划和执行，增加活动的社区性和群众基础。

二、策划过程与实施

（一）调研分析

1. 调研设计

首先，有效的调研方案需要以明确的目标和问题为基础。在策划调研之初，图书馆需要明确自身的目标是什么，希望通过调研了解什么样的信息。例如，是为了更好地设计创新活动，还是为了优化图书馆的服务流程？这样的明确目标将有助于制定具体的调研问题，从而更有针对性地收集信息。

其次，采用多种调研方法是获取全面信息的关键。问卷调查是一种常用的方法，可以通过设计合理的问题，获取大量读者的意见和建议。座谈会则可以深入了解少数读者的深层次需求，促进更直接的互动。此外，用户行为分析是一种重要的数据收集手段，通过分析读者在数字平台上的行为，可以了解到他们的兴趣点、点击偏好等信息。综合运用这些方法，可以得到更为全面和深入的调研结果。

再次，调研方案的设计需要关注样本的代表性和可信度。在进行问卷调查时，要确保样本的选择能够代表整个读者群体，避免出现样本偏差。对于座谈会和用户行为分析，也需要确保所选样本具有一定的代表性。在具体实施过程中，要注意数据的可信度，采用科学的统计分析方法，以确保所得数据具有说服力和可靠性。

最后，调研方案的设计还应考虑到读者的参与度。为了激发读者参与调研的积极性，可以设计一些有趣的活动，如抽奖、互动讨论等。通过这些方式，不仅可以吸引更多读者参与调研，还可以增加他们对图书馆的关注度，提高调研的实效性。

2. 数据分析与挖掘

首先，数据分析与挖掘是调研后阶段的关键一环。在进行数据分析时，图书馆可以首先对收集到的各类数据进行清理和整理。这包括确保数据的准确性、完整性，以及进行标准化处理，使得数据具有一致的格式和单位。这样的清理工作为后续的分析提供了可靠的数据基础。

其次，利用统计分析方法对数据进行整体性的描述和概括。通过统计手段，可以对读者的整体倾向和趋势进行分析，例如兴趣领域的偏好、参与活动的频率等。这些统计指标可以为图书馆制定更具针对性的活动方案提供依据。

再次，进行数据挖掘的过程涉及对大规模数据的深入挖掘，以发现其中的潜在规律和关联性。数据挖掘技术包括聚类、分类、关联规则挖掘等方法。通过这些技术，图书馆可以识别不同读者群体之间的共同点和差异，从而更好地精准定位目标读者，并提供更具个性化的服务。

另外，机器学习算法的应用是数据分析中的一个重要方向。通过训练模型，图书馆可以预测读者的兴趣点、活动参与意愿等，从而更有针对性地设计创新活动。例如，可以建立预测模型，根据读者的历史活动数据，预测他们可能感兴趣的主题，为后续活动策划提供指导。

最后，数据分析的结果需要以清晰、可视化的方式呈现。利用图表、图形等形式，将数据分析结果生动地展示出来，使决策者能够更直观地理解读者群体的特点和需求。这有助于提高决策的科学性和准确性。

（二）多媒体展示与体验活动

1. 利用数字化技术

首先，充分利用数字化技术在活动策划中可以通过数字艺术展的形式实现。数字艺术展是一种将现代数字技术与传统艺术相结合的创新展览形式。首先，图书馆可以利用虚拟展览平台，将艺术品以数字形式呈现，使读者可以通过互联网随时随地欣赏到艺术品。其次，数字艺术展还可以采用增强现实技术，通过智能设备如手机或平板电脑，将虚拟的艺术作品叠加到现实场景中，提供更为沉浸式的艺术体验。

其次，虚拟实境体验是另一种数字化技术的运用方式。通过虚拟实境技术，图书馆可以打造虚拟的阅读空间，使读者能够在数字环境中模拟真实的阅读场景。这种虚拟的阅读空间可以提供更为个性化、舒适的阅读体验，同时消除时间和空间的限制，使读者仿佛置身于图书馆内，无需实际前往即可畅游图书馆的各个角落。

再次，数字化技术还可以通过虚拟文学沙龙等创新形式推动活动的丰富性。虚拟文学沙龙是一种利用网络平台进行文学交流的形式。通过虚拟沙龙，读者可以与作家、学者在线交流，参与文学讨论，共同探讨文学作品。这种数字化的文学活动形式不仅提高了文学交流的便捷性，也为读者提供了更多参与的机会，促进文学的传播与交流。

最后，在数字化技术的应用中，图书馆可以考虑结合社交媒体平台。通过在社交媒体上进行数字艺术展的宣传、虚拟实境体验的分享、虚拟文学沙龙的讨论等活动，可以将图书馆的数字化活动推广至更广泛的社交网络中，吸引更多读者的关注和参与。

2. 制定多媒体展示计划

首先，制定多媒体展示计划的关键在于确定展览的主题和内容。这需要对目标读者群体的兴趣和需求进行深入了解，以确保展览内容能够引起他们的关注。在确定主题时，考虑到当前社会热点、文化传承、艺术创新等因素，以确保展览具有时代性和吸引力。

其次，展示形式是多媒体展示计划中的重要组成部分。通过运用多媒体技术，可以采用数字艺术展、虚拟实境体验、交互式展览等形式，使展览更具创新性和互动性。例如，可以利用虚拟现实技术在数字平台上打造虚拟画廊，使观众可以通过网络随时随地欣赏到展览作品。另外，采用交互式展览可以让观众参与其中，提高他们的参与感和体验度。

再次，选择合适的展示场地至关重要。展览场地的选择需要考虑到其地理位置、流通量、空间大小等因素。例如，可以选择在图书馆内设置专门的数字艺术展区，或者合作当地艺术馆、学校等机构，将多媒体展览引入更广泛的社区中。同时，考虑到展览的开放性，可以通过线上展览的形式，扩大观众的范围，使更多人能够参与到展览中。

最后，确保展览能够传递活动所要表达的文化内涵是展示计划成功的关键。在展览内容的策划中，要注重文化元素的引入，展示本土文化、跨文化交流等内容，以达到文化传承与创新的平衡。通过与当地艺术家、文化团体的合作，将地域特色融入展览，使观众在欣赏艺术的同时，能够更深入地了解和感受到文化的魅力。

（三）线上线下结合

1. 线上直播活动

首先，线上直播活动是一种高度便捷和灵活的传播方式。通过互联网平台，图书馆可以将活动内容实时传递到世界各地，不受地理位置和时间限制。这种便捷性使得更多读者能够参与，尤其是那些无法亲临现场的读者，例如居住在偏远地区或由于工作等原因无法参加实地活动的人群。

其次，线上直播可以实现活动内容的实时互动。观众可以通过在线平台提问、评论，与主讲人或其他观众进行互动交流。这种实时互动不仅能够提高读者的参与感和活动体验，还能够促进知识的共享与传播。通过在线平台，读者可以就活动主题提出问题，分享观点，形成更为丰富的讨论氛围。

再次，线上直播具有数字化记录和存档的特点。所有线上直播的内容可以被记录、存档，并通过网络平台进行再次观看。这为那些错过直播的读者提供了追溯活动内容的机会，同时也为图书馆建立了数字化的活动档案。这些存档内容可以作为图书馆数字化资源的一部分，为更多人提供学习和参考的机会。

最后，线上直播活动可以通过社交媒体等平台进行更广泛的宣传。通过图书馆的社交媒体账号、专业论坛等平台，可以提前宣传活动信息，吸引更多读者的关注。而且，通过社交媒体平台的分享和转发，活动的影响力可以迅速扩散，进一步提高活动的知名度和吸引力。

2. 社交媒体传播

首先，社交媒体传播在图书馆活动中具有迅速传播的特点。通过在社交媒体平台发布活动相关信息，图书馆可以迅速吸引读者的注意，实现信息的快速传播。这种即时性的传播有助于提前形成读者对活动的期待和兴奋感，从而增加活动的吸引力。

其次，社交媒体传播拓展了活动的传播渠道。不同的社交媒体平台吸引了各种读者群体，通过在多个平台同时开展宣传，图书馆可以覆盖更广泛的受众。例如，在微博上可以吸引更年轻的读者群体，而在领英上可以接触到专业领域的读者。这样的多渠道宣传有助于提高活动的曝光度，使更多人了解和参与。

再次，社交媒体传播为读者提供了参与活动的互动平台。通过在社交媒体上发布与活动相关的话题、投票、问答等互动内容，图书馆可以促使读者在虚拟空间中进行更深层次的交流。这不仅提高了读者的参与感，还增加了活动的社交性。读者可以在社交媒体上分享自己的看法、互相评论，形成一个活跃的社群，进一步扩大了活动的影响范围。

最后，社交媒体传播为图书馆提供了评估活动效果的工具。通过社交媒体平台的数据分析，图书馆可以了解活动相关内容的传播情况、受众反馈以及互动效果。这些数据为图书馆提供了宝贵的信息，可以用于评估活动的成功程度，了解读者的兴趣和需求，从而更好地调整和改进未来的活动策划。

第五章　图书馆员的角色与素质

第一节　数字时代图书馆员的职责与能力要求

一、职责演变

（一）信息管理与技术支持

1.馆藏管理的数字化升级

首先，数字时代的来临使得馆藏管理面临着全新的挑战和机遇。馆员们在数字化升级中迎来了更加广泛的资源范围，包括电子书、数字期刊、在线数据库等。首先，馆员需要认识到数字资源的快速增长和多样性，因此他们的职责不再局限于传统纸质文献的管理，还需适应数字化环境的需要。

其次，数字资源的采集成为数字化馆藏管理的重要环节。馆员需要积极主动地与出版商、数字平台等合作，获取最新的数字资源。这可能涉及谈判许可协议、购买数字订阅等方面的工作。同时，馆员需要保证数字资源的版权合法性，规范采购流程，以确保图书馆的数字馆藏不仅丰富多样，而且合法合规。

再次，数字资源的整合成为馆员需要面对的重要任务。数字时代的图书馆馆藏管理需要将各种形式的资源有机地整合到一个统一的平台中，以便读者能够方便地检索、获取信息。此过程需要采用先进的信息技术，如知识图谱、元数据管理系统等，以确保数字资源的高效整合与利用。

最后，为了提供更好的服务，馆员还需要关注数字资源的质量管理。这包括确保数字资源的准确性、及时性以及完整性。数字资源的质量管理需要采用先进的技术手段，如自动化的校验系统、定期的更新和维护机制等，以保证数字资源的质量得到有效的维护。

2. 数字资源维护与更新

首先，数字资源维护与更新是数字化时代图书馆员工作的一个重要方面。随着数字资源的不断涌现，馆员需要确保这些资源的质量和时效性。首先，对于数据库等在线资源，馆员需要建立定期的更新机制。这包括与数据库提供商和出版商的合作，获取最新的数据，并及时更新到图书馆的系统中。这有助于保持数据库的信息完整性和时效性，确保读者获取的信息是最新的。

其次，电子书的版本管理也是数字资源维护的一个关键方面。由于电子书的不断更新和修订，馆员需要密切关注各个出版商的最新版本，并及时更新图书馆的电子书馆藏。这不仅包括新增版本的采购，还包括旧版本的下架和替换，以保持电子书馆藏的完整性及时性。

再次，对于数字期刊和在线期刊，馆员需要建立有效的订阅管理系统。这涉及订阅的维护、更新以及定期评估订阅的必要性。通过及时终止不再需要的期刊订阅，馆员可以优化资源分配，确保馆藏的实时性和高效性。

最后，数字资源的质量维护也需要考虑到技术方面的因素。馆员需要确保图书馆的数字化系统正常运行，能够支持最新的技术标准和格式。这包括系统的安全性、稳定性，以及对新技术的及时应用和更新。

3. 数字技术支持与指导

首先，数字技术支持与指导是图书馆员在数字时代面临的一项关键任务。随着图书馆服务的数字化转型，用户对数字技术的使用需求不断增加，因此，提供全面的技术支持成为保障用户体验的不可或缺的一环。

其次，为了确保用户能够充分利用图书馆的数字资源，馆员需要首先提供用户友好的图书馆网站和移动应用，而后通过培训和指导，帮助用户熟练使用这些工具。这可能包括创建视频教程、撰写操作手册，以及定期组织培训活动，以提高用户对数字工具的熟练度。

再次，解答关于数字资源使用的问题是数字技术支持中的重要一环。馆员需要建立在线的咨询平台，通过即时通信、邮件等方式为用户提供实时的帮助。这包括解释数字资源的访问方式、使用技巧，以及针对特定问题的解决方案。

最后，协助用户解决数字工具操作中的困难也是数字技术支持的一项重要任务。当用户在使用数字工具时遇到问题，馆员需要迅速响应，提供专业的技术支持，确保用户的问题得以解决。这可能包括对软件故障的排查、对用户设备的配置支持等。

（二）数据分析与利用

1. 读者需求的深度洞察

首先，随着数字时代的来临，图书馆员面临了更为复杂和多样的读者需求。在这一背景下，数据分析成为提高服务质量和满足读者需求的关键工具。首要任务是深度洞察读者的需求，这就需要对大量的借阅记录、检索数据等进行仔细分析。

其次，通过借阅记录的分析，图书馆员可以了解到读者的阅读兴趣和偏好。这包括对某一特定主题、领域的借阅情况进行统计，以确定读者的热点关注。通过对这些数据的挖掘，图书馆员能够更有针对性地丰富馆藏，确保馆内资源与读者需求保持一致。

再次，对检索数据的深入研究能够揭示读者在信息查找过程中的行为和需求。通过分析最常用的检索关键词，图书馆员可以了解到读者对于某一主题或领域的兴趣。这为图书馆提供了在数字资源采集和整合方面的指导，以更好地满足读者的信息需求。

最后，数据分析还可以帮助图书馆员预测未来的需求趋势。通过对历史数据的趋势分析，图书馆员能够辨认出某些主题或类型的资源可能成为未来的热门，从而提前进行采购和准备。这种前瞻性的数据分析有助于图书馆更好地迎接读者的未来需求。

2. 馆藏优化与服务改进

首先，数据深度分析在图书馆馆藏优化方面发挥着关键作用。通过对借阅记录、使用频次等数据的详细审查，图书馆员可以识别出馆藏中的冷门资源，即那些被较少借阅或使用的文献。在这一基础上，馆员可以采取适当的措施，如剔除、移动位置，或者通过宣传推广提高这些资源的知名度，以提高其被利用的概率。

其次，数据分析也能帮助图书馆员更精准地收集和整合热门资源。通过对读者借阅行为的深入洞察，图书馆员能够了解到哪些主题或领域的资源更受欢迎。基于这些信息，图书馆可以有针对性地扩展相关领域的馆藏，确保馆内资源的时效性和吸引力。

再次，服务改进也是数据深度分析的一项重要应用。通过分析读者的反馈数据、咨询记录等，图书馆员可以全面了解到读者对服务的期望和不满意之处。这种信息有助于图书馆员调整服务流程、提升服务质量，以更好地满足读者的需求。

最后，数据深度分析在引导数字时代图书馆的发展方向方面也具有深远影响。通过对大量数据的梳理和分析，图书馆员能够把握读者的阅读趋势，从而调整馆藏策略和服务模式，使图书馆更贴合数字时代读者的需求。

（三）社交媒体与用户互动

1. 积极参与社交平台

首先，积极参与社交媒体是数字时代图书馆与读者直接互动的重要方式。社交媒体平台为图书馆提供了直接与读者交流的渠道。通过在这些平台上分享图书馆的最新动态、推荐资源、举办线上活动等，图书馆能够更加贴近读者，建立更为紧密的联系。定期更新社交媒体内容，与读者分享有趣的图书馆新闻、数字资源的使用技巧等，能够引起读者的兴趣，增加他们对图书馆的关注度。

其次，社交媒体的参与也为图书馆提供了了解读者需求和反馈的平台。通过观察社交媒体上读者的留言、评论，图书馆员可以深入了解读者对于数字资源、服务、活动等方面的看法和期望。这样的反馈信息对于图书馆优化服务、调整策略非常有价值。图书馆员应当主动回应读者的留言，回馈他们的建议，并根据反馈做出相应的改进。

再次，社交媒体参与也为图书馆提供了拓展影响力的机会。通过在社交媒体上与其他图书馆、文化机构、学术界人士建立合作关系，图书馆可以在更广泛的社交网络中推广自己的资源和服务。这有助于扩大图书馆在数字时代的影响力，吸引更多读者参与馆内活动。

最后，社交媒体的参与也是促进数字资源传播的有效途径。图书馆员可以通过社交媒体平台分享数字资源的链接、推广数字展览、介绍电子书等方式，让更多读者了解到馆内的丰富数字资源。社交媒体的分享机制能够快速传递信息，进而提高数字资源的曝光度。

2. 回答问题与资源推荐

首先，社交媒体平台为图书馆员提供了一个实时回答读者问题的高效途径。通过在社交媒体上建立专业账号或官方页面，图书馆员能够迅速响应读者的疑问，解决他们在图书馆资源、服务使用等方面的问题。这种实时的服务支持有助于提高图书馆的服务效率，使读者在遇到问题时能够及时获得帮助。

其次，社交媒体平台还是图书馆向读者推荐新的数字资源的理想场所。通过发布图书馆数字资源的介绍、推荐阅读清单、在线资源推送等信息，图书馆员可以向广大读者推广图书馆丰富的数字资源。这种推荐不仅能够满足读者的阅读兴趣，还有助于引导读者发现图书馆中未曾注意到的宝贵资源。

再次，社交媒体的信息传播功能使得图书馆能够更广泛地宣传其数字资源。通过在社交媒体上分享数字资源的使用技巧、阅读体验分享等，图书馆可以引导更多读者积极地利用这些资源。这样的宣传活动不仅能够提高数字资源的知名度，还有助于扩大图书馆的读者群体。

最后，社交媒体平台为图书馆员提供了与读者互动的渠道。通过回复读者评论、参与在线讨论、接受读者建议等方式，图书馆员能够更好地了解读者的需求和期望，从而更有针对性地推荐数字资源和改进图书馆的服务。这种双向互动有助于建立更加紧密的图书馆与读者之间的关系。

3.在线讨论与社群建设

首先，社交媒体作为图书馆与读者互动的重要平台，也是构建图书馆读者社群的有效途径之一。通过社交媒体平台，图书馆员能够开展在线讨论，激发读者之间的交流与合作。这种在线讨论不仅有助于促进读者对图书馆资源的深度理解，还能够为图书馆提供更直接的反馈，指导图书馆更好地满足读者的需求。

其次，社交媒体提供了一个广泛宣传图书馆活动的渠道。通过在社交媒体上发布活动通知、线上讨论会邀请等信息，图书馆能够将活动信息传播给更多潜在的读者，吸引更多人参与。在线讨论的形式可以包括主题沙龙、书籍分享、文学交流等，为读者提供一个共享兴趣、交流观点的平台。

再次，社交媒体的互动性为图书馆构建读者社群提供了更多可能。通过在社交媒体平台上设立专属的读者群组、论坛或社区，图书馆能够更精准地聚集一定兴趣领域的读者。这些社交媒体社群不仅可以促进读者之间的交流，还能够在读者之间建立更加深厚的社交关系。

最后，社交媒体平台还能够为图书馆提供更灵活的线上活动机会。通过在社交媒体上组织线上读书会、数字资源知识竞赛等活动，图书馆能够不受地域限制，为更多读者提供有趣、互动性强的活动体验。这种形式的活动不仅能够促进读者间的合作，还能够增强他们对图书馆的归属感。

二、必备能力要求

（一）数字素养

1. 熟练使用数字化工具

首先，图书馆员在数字时代必须具备熟练的图书馆管理系统操作能力。数字化的图书馆管理系统是整个图书馆数字资源管理的核心，包括图书借还、资源订购、馆藏管理等方面。通过熟练掌握这些系统，图书馆员能够更加高效地管理馆内各项工作，确保数字资源的准确归档和有序管理。

其次，数据库是数字化图书馆中不可或缺的一部分，图书馆员需要熟练使用各类数据库。这包括对数据库的检索、筛选、管理等操作，以确保读者能够迅速获取所需信息。熟练使用数据库还有助于图书馆员更好地理解馆藏的结构，为数字资源的有序整理提供支持。

再次，图书馆员需要精通各种检索工具，以提供更为精准的信息检索服务。在数字化图书馆中，读者对信息的检索要求更加个性化和复杂化，因此图书馆员需要熟练运用各种先进的检索工具和技术，以更好地满足读者的特定需求。

最后，图书馆员还需要掌握数字化资源的采集和整合技术。数字资源可能包括电子书、数字期刊、在线数据库等多种形式，图书馆员需要熟悉数字化资源的获取途径，了解数字资源的版权管理、更新维护等方面的知识。通过高效的数字资源采集和整合，图书馆能够为读者提供更为丰富和多元的学术资源。

2.持续学习和更新

首先，图书馆员要始终保持对新技术的敏感性和学习欲望。随着数字技术的迅速发展，图书馆员需要主动关注行业内最新的数字工具、技术和趋势。这包括但不限于新兴的图书馆管理系统、先进的数据库技术、创新的数字资源整合方案等。通过定期参加行业研讨会、培训课程、参与在线社区等方式，图书馆员能够及时了解并学习最新的数字化技术。

其次，建立一个持续学习的体系，包括制定个人学习计划、参与专业认证培训等。这可以通过设定学习目标，规划每年的学习计划，明确学习的方向和内容。同时，通过参与相关的专业认证培训，如数字图书馆管理、信息科技等领域的认证课程，提升专业技能水平。这样的系统性学习，有助于图书馆员更好地适应数字化环境的要求。

再次，积极参与专业社交圈和社区。数字化时代，信息的交流和分享愈发频繁，图书馆员应积极参与专业社交圈，如社交媒体群组、在线论坛等。这种参与不仅可以获得来自同行的经验和知识分享，还能拓展自己的专业网络，与其他图书馆员建立更紧密的联系。通过与同行的交流，图书馆员可以更深入地了解不同机构和个人在数字化工作中的经验和教训，促进彼此的共同成长。

最后，建立反馈机制和实践应用。图书馆员学到的新知识需要得到实际应用，才能真正产生价值。建立一个反馈机制，通过实际项目的应用来检验学到的新技能和知识。这可以通过在实际工作中尝试新的数字工具，参与数字化项目，甚至可以通过撰写专业文章、分享实践经验等方式，将学到的知识更好地内化为自己的专业素养。

（二）数据分析能力

1.提取有用信息

首先，数据分析能力在数字时代被视为图书馆员的核心竞争力。在信息时代，数据不再仅仅是存储在数据库中的数字，而是蕴含了丰富的信息和价值。因此，图书馆员需要具备一定的数据分析技能，能够理解和利用馆藏数据、读者使用行为数据，以提取其中的有用信息。这包括但不限于借阅次数、热门图书、流行主题等数据，通过这些信息，图书馆员可以更全面地了解馆内资源的状况，为优化服务提供决策支持。

其次，图书馆员可以通过学习和掌握一系列数据分析工具和技术，如数据可视化、统计分析、机器学习等，来加强其在数据分析方面的能力。数据可视化工具可以将庞大的数据集转化为易于理解的图表和图形，帮助图书馆员更直观地理解和传达数据。统计分析则能够通过统计指标和模型挖掘数据的潜在规律。机器学习技术则能够通过算法的学习和优化，发现数据中的模式和趋势，进一步提高数据分析的深度和准确性。

再次，数据分析的应用不仅限于馆藏管理，还可用于读者服务的优化。通过分析读者使用行为数据，图书馆员可以更好地了解读者的兴趣和需求，制定个性化的服务策略。例如，通过分析读者的借阅历史，可以为其推荐相似主题的图书；通过分析阅读时间的规律，可以优化图书馆的开放时间，更好地满足读者的阅读需求。

最后，数据分析的结果需要通过有效的沟通和传达，使决策者能够更好地理解和利用这些信息。图书馆员需要具备清晰的表达能力，能够将数据分析结果转化为实际操作的建议，促使决策者更好地理解并采纳这些建议。这包括撰写报告、制作演示文稿等多种形式，以确保数据分析的成果能够真正为图书馆的决策和服务提升带来实际效益。

2. 辅助决策与规划

首先，数据分析在辅助图书馆的决策与规划方面具有不可忽视的作用。通过深度挖掘各类数据，图书馆员能够为图书馆的未来发展提供科学、有针对性的建议，从而更好地适应数字时代的要求。

其次，数据分析可用于评估馆藏的使用情况，进而指导馆藏的发展规划。通过分析借阅数据，图书馆员可以了解哪些书籍受到读者青睐，哪些领域的馆藏需求较为迫切。这种信息有助于制定更加符合读者兴趣和需求的采购计划，提高馆藏的质量和适应性。

再次，数据分析也能够为图书馆空间规划提供支持。通过分析馆内流通情况、座位利用率等数据，图书馆员可以更好地了解读者在图书馆的使用习惯。这有助于进行合理的空间规划，包括座位布局、设备设置等，以提供更舒适、高效的阅读环境。

此外，数据分析还能够为服务改进提供方向。通过分析读者对图书馆服务的反馈数据，图书馆员可以发现服务的优势和不足之处，及时调整服务策略。例如，若某项服务的使用率较低，可以通过数据分析找出原因并进行改进，以更好地满足读者的期望。

最后，在数字化时代，数据分析也为数字资源的管理和利用提供了新的思路。通过分析数字资源的下载、浏览数据，图书馆员可以更好地了解读者对数字资源的需求和偏好，进而优化数字资源的采购和推广策略。

（三）社交沟通技能

1. 有效与读者互动

首先，社交沟通技能在数字时代的图书馆工作中显得尤为重要。图书馆员应具备良好的社交媒体运用能力，以便更有效地与读者进行互动。在数字社交平台上建立专业形象，积极回应读者的疑问、建议，成为图书馆数字时代服务的一项重要职责。

其次，通过社交媒体等平台，图书馆员可以主动关注读者的反馈，了解他们对服务的评价和需求。这种即时反馈机制可以帮助图书馆更迅速地调整服务策略，提高服务质量。同时，通过参与在线讨论、回答读者提出的问题，图书馆员能够更好地满足读者的信息需求，建立更为紧密的互动关系。

再次，图书馆员需要善于利用社交媒体等平台进行活动宣传。通过发布有关图书馆活动、资源推介等内容，吸引读者的关注，提高图书馆在社交媒体上的知名度。这种积极的宣传方式有助于扩大图书馆的影响力，吸引更多读者的参与。

最后，图书馆员还可以通过社交媒体平台建立读者社群，促进读者之间的互动与合作。通过在线讨论、活动分享等形式，鼓励读者分享阅读心得、交流学术观点，形成一个互助互学的社群环境。这有助于拉近图书馆与读者之间的距离，使图书馆成为读者学术、文化交流的平台。

2. 信息传递与推广

首先，在数字时代，图书馆员的社交沟通技能至关重要，其中包括高效的信息传递与推广能力。这方面的技能使图书馆能够更好地向读者介绍新资源、新服务，提高他们对图书馆的关注度和参与度。

其次，信息传递是社交沟通中的基本环节。图书馆员需要运用清晰、简洁的语言，向读者介绍新引进的数字资源、特色服务等信息。通过各种数字渠道，如社交媒体、图书馆网站等，图书馆员可以发布详细的资源介绍、使用指南等，以确保信息传递的准确性和全面性。

再次，推广是信息传递的延伸，是促使读者主动了解并参与的手段。图书馆员可以通过制定推广策略，借助各类数字媒体平台，推动新资源、新服务在读者中的传播。这可能包括定期发布推广活动、制作宣传视频、设计引人入胜的图文内容等，以引起读者的兴趣，激发他们对图书馆服务的兴趣。

此外，图书馆员还可以利用社交媒体平台进行有针对性的推广。通过了解不同社交媒体平台的用户特点和喜好，图书馆员可以采用更具吸引力的方式进行信息推广。例如，在视觉化社交平台上，可以通过图片、图表等形式生动地展示图书馆的数字资源；在文字型社交媒体上，可以通过富有创意的文字描述，引发读者的好奇心。

最后，图书馆员还应注重互动性推广。通过社交媒体平台的评论区、在线问答等方式，主动与读者互动，解答他们的疑问，搜集他们的反馈。

这种双向互动的方式有助于建立更紧密的图书馆与读者的联系，提高读者对图书馆信息的关注和信任度。

第二节　图书馆员的培训与素质提升

一、培训方法

（一）在职培训

1. 专业人士培训

首先，职业培训在图书馆员的专业发展中占据重要地位。其中，邀请专业人士进行培训是一种高效的方式，尤其是邀请信息管理专家和数字技术专家等领域的专业人士，可以为图书馆员提供及时、前沿的知识和技能。

其次，信息管理领域是图书馆员必须深入了解的核心内容之一。通过邀请信息管理专家进行专题培训，图书馆员可以更好地理解信息管理的最新理念、方法和工具。专业人士可以分享他们在信息管理领域的研究和实践经验，介绍最新的信息管理技术和方法，帮助图书馆员更好地应对数字时代的信息管理挑战。

再次，数字技术在图书馆管理中起到越来越重要的作用。因此，邀请数字技术专家进行培训，帮助图书馆员了解最新的数字化技术应用和发展趋势，对提高数字素养、数字资源管理水平具有积极作用。专业人士可以分享数字技术的最新成果，解读技术的发展方向，帮助图书馆员更好地应用数字技术来服务读者。

此外，专题培训可以采用研讨会、讲座等形式，以更深入系统地传递知识。研讨会可以促进与专业人士的互动，让图书馆员有机会提问、讨论，更好地理解和吸收培训内容。讲座则是专业人士向图书馆员传递知识的有效方式，通过系统的演讲，图书馆员能够全面了解相关领域的知识。

最后，专业人士培训不仅可以提高图书馆员的专业素养，还能够为图书馆整体服务质量的提升做出贡献。这种定期的培训机制有助于图书馆紧跟专业发展的步伐，更好地适应数字时代的需求，提供更高水平的服务。

2. 内外部研讨会

首先，内外部研讨会作为在职培训的有效手段，为图书馆提供了一个学习和交流的平台。内部研讨会可以由图书馆内部的专业人士主持，针对图书馆的具体情况和需求，进行有针对性的培训。这有助于团队成员更好地理解内部业务流程、规范和政策，促使整个图书馆团队在服务读者、管理资源等方面保持一致性。

其次，邀请外部专业人士或机构进行研讨会，为图书馆员提供了接触前沿知识的机会。外部专业人士通常能够分享最新的理论、技术和实践经验，使图书馆员能够更好地了解行业发展趋势，提高专业素养。外部机构的介入还能够带来更广泛的视野，为图书馆注入新的理念和创新思维。

再次，研讨会的形式有助于促进图书馆员之间的经验交流。通过与同行分享成功案例、解决问题的经验等，图书馆员可以互相学习、借鉴，提高整体的业务水平。研讨会的互动性也能够激发团队成员的思考和创新，培养团队协作精神。

最后，定期组织内外部研讨会有助于建立起学习型组织的氛围。通过不断的学习和分享，图书馆员能够不断提升自己的专业水平，适应数字时代的变革。这也为图书馆创造了一个不断进步、与时俱进的工作环境，有助于提高整体服务水平，更好地满足读者的需求。

（二）在线学习平台

首先，随着数字时代的迅猛发展，图书馆员不仅需要具备传统图书馆知识体系，更需要了解数字时代的管理理念和技术应用。在这一背景下，在线学习平台成为图书馆员进行专业学习的一种主要途径。Coursera、edX、

MOOC 等在线学习平台以其丰富的课程资源和便利的学习方式，为图书馆员提供了灵活多样的学习体验。

其次，这些在线学习平台提供了广泛的课程选择，涵盖了图书馆管理、信息技术、数字资源利用等多个方面。图书馆员可以根据个人职业发展需要，有选择地学习与自身工作相关的课程。这样的个性化学习路径有助于图书馆员更好地提升自己的专业素养，适应数字时代图书馆事业的发展。

再次，在线学习平台的灵活性使得图书馆员能够随时随地进行学习。无论是在工作之余、休息时间，还是在图书馆外出差等情况下，图书馆员都能够方便地通过在线学习平台获取知识。这有助于缓解传统培训方式中时间和空间上的限制，使学习更加自主、高效。

最后，通过在线学习平台，图书馆员能够接触到来自全球各地的专业教育资源。这种国际化的学习环境有助于拓宽图书馆员的视野，让他们能够更全面地了解国际上图书馆事业的最新发展趋势。同时，与来自不同文化背景的学员互动，也有助于培养图书馆员的跨文化交流能力。

总体而言，数字时代的在线学习平台为图书馆员提供了便捷、高效、多样的学习途径。通过积极利用这些平台，图书馆员可以更好地适应数字时代的工作要求，不断提升自身的专业水平。这种灵活的学习方式有助于构建学习型图书馆，推动整个图书馆事业朝着更为先进、创新的方向发展。

（三）参与学术研究

首先，积极参与学术研究对于图书馆员的培训具有重要的意义。学术研究是推动图书馆科学发展的引擎，是不断推进图书馆事业向前发展的重要动力。因此，作为图书馆员，首先要关注并积极参与学术研究，不仅可以不断拓展自己的学科知识，还有助于提升专业水平和学术声望。

其次，通过学术研究项目的参与，图书馆员可以深入了解最新的图书馆科学发展趋势。学术研究往往涉及行业的最新理论、技术和方法，参与其中可以让图书馆员保持对前沿知识的敏感度。这对于图书馆员及时掌握图书馆事业的新动向、引领业界的发展具有积极的推动作用。

再次，通过参与学术研究，图书馆员可以通过自己的研究成果为图书馆的创新发展提供有力支持。研究成果不仅可以为图书馆的业务提供新的思路和方法，还能够为图书馆的服务水平、管理模式等方面的提升提供有益的参考。这种创新性的研究成果不仅对于图书馆内部的发展有益，也对整个图书馆事业的提升产生积极影响。

最后，积极参与学术研究有助于提高图书馆员的综合素质。在学术研究中，图书馆员需要不断提升自己的问题解决能力、团队协作能力、创新能力等多方面的素质。这些提高的素质不仅在学术研究中发挥作用，在实际工作中也能够更好地应对各种挑战，推动图书馆事业的发展。

二、素质提升的途径

（一）多角度的阅读与学习

1. 广泛涉猎各领域知识

首先，广泛涉猎各领域知识对于图书馆员在数字时代的角色至关重要。数字时代图书馆的服务范围已经不再局限于传统的图书和文献资源，而是涉及多个学科和领域的信息。因此，作为图书馆员，首先要具备跨学科的知识视野，能够理解和处理来自不同领域的信息资源。

其次，通过广泛阅读各领域的专业书籍和期刊，图书馆员能够不断拓展自己的知识边界。信息科学、社会学、教育学等领域的深度学习可以为图书馆员提供更全面的视角，帮助他们更好地理解数字资源的多元应用。这种跨学科的知识积累有助于图书馆员更灵活地应对用户的信息需求，提供更有深度和广度的服务。

再次，深度学习不同领域的知识有助于提升图书馆员对用户需求的全面理解。在数字时代，读者的信息需求变得更加多元化和复杂化，覆盖了各个领域。通过对信息科学、社会学、教育学等领域的深入学习，图书馆员可以更好地理解不同用户群体的需求，更精准地为他们提供个性化的服务。

最后，跨学科的知识视野有助于更好地应对数字时代带来的挑战和机遇。随着科技的发展和社会的变革，图书馆工作面临着日新月异的变化。具备跨学科的知识背景可以使图书馆员更灵活地适应这些变化，更好地利用新兴技术和方法，推动图书馆事业的创新发展。

2. 追踪行业动态

首先，图书馆员需要时刻关注数字时代图书馆领域的发展动态。这是因为数字时代的技术和服务模式日新月异，图书馆作为信息服务机构，需要及时了解并适应这些变化。因此，首先要通过订阅行业期刊，关注学术刊物中关于数字图书馆、信息管理和技术应用的最新研究成果，以保持对行业前沿的敏感性。

其次，参与学术研讨会是获取行业动态的另一种重要方式。学术研讨会不仅提供了学术交流的平台，还是了解最新技术、管理理念和服务模式的窗口。通过参与国际、国内的学术研讨会，图书馆员可以与同行交流经验、分享最佳实践，更好地理解行业的发展趋势。

再次，利用专业社交平台加强行业内的交流合作。通过加入图书馆学、信息科学等专业的社交网络，图书馆员可以与国内外同行保持联系，分享最新的技术、管理和服务经验。这种社交平台不仅可以促进信息的传递，还能够建立起全球范围内的专业网络，为图书馆员提供更广泛的行业动态。

最后，建立本地、国家和国际的图书馆协作机制，共同推动行业的发展。通过参与图书馆联盟、国际图书馆组织等机构，图书馆员可以更深入地了解行业的发展方向，同时也能为本馆提供更多的资源和支持。在这个过程中，图书馆员可以积极参与各种国际合作项目，推动图书馆在数字时代的创新和发展。

（二）提升团队协作能力

1. 强化团队协作技能

首先，强化团队协作技能是数字时代图书馆员必备的基本素养。由于数字时代图书馆的工作涵盖多个专业领域，图书馆员需要与来自不同背景、具有不同专业知识的同事紧密协作。在团队中，首先需要建立一种开放的沟通氛围，以便成员能够自由分享意见、提出建议，共同探讨解决方案。通过参与团队培训，图书馆员可以学习有效的沟通技巧，培养良好的团队氛围，增强团队的凝聚力。

其次，组织团队建设活动是提升团队协作能力的重要途径。通过团队建设活动，图书馆员可以更好地了解团队成员的个性特点、工作风格，促进相互之间的理解与信任。这些活动可以包括团队拓展、问题解决、角色扮演等形式，通过参与这些活动，图书馆员能够培养团队协作的默契，提高工作效率。此外，通过团队建设活动还可以加强团队成员的责任心和使命感，共同致力于图书馆数字化服务的发展。

再次，培养项目管理技能有助于提高团队协作的效率。在数字时代，图书馆常常需要实施各种项目，而良好的项目管理是保障项目成功的关键。通过参与项目管理培训，图书馆员可以学到项目规划、进度控制、风险管理等方面的知识，提高团队对项目的组织和协同能力。项目管理的技能不仅有助于团队更好地合作，还能够提高数字服务项目的质量和效果。

最后，建立跨部门的工作合作机制，促进信息共享和资源整合。数字时代图书馆的工作往往涉及不同的部门，而这些部门之间需要协同工作，共同实现图书馆的整体目标。通过建立定期的跨部门协调会议、工作组织结构，图书馆员可以促进信息的共享与传递，优化资源的整合与利用。跨部门的工作合作机制有助于打破信息孤岛，提高团队整体的工作效能。

2. 建立跨部门合作机制

首先，建立跨部门合作机制的必要性在于促进图书馆不同部门之间的有效沟通与协作。随着数字时代图书馆工作的复杂性增加，各个部门的专业性也变得更为突出。首先，通过建立跨部门的合作机制，图书馆可以打破信息孤岛，促进各部门之间的信息共享与传递。例如，信息科技部门和图书管理部门可以共享关于数字资源采集与管理的信息，从而更好地协同推进数字化馆藏的建设。

其次，跨学科、跨专业的合作机制有助于更好地整合资源。数字时代图书馆的工作往往需要涉及不同领域的专业知识，如信息科技、图书管理、公共服务等。通过建立跨学科的合作机制，可以让各部门的专业知识得以充分整合，形成更加全面的解决方案。例如，信息科技部门的技术专家可以与公共服务部门的图书馆员合作，共同设计数字化服务平台，提供更丰富、便捷的服务。

再次，建立跨部门合作机制有助于提高数字时代图书馆整体工作效能。通过跨部门合作，图书馆员可以更好地理解各自工作的关联性，形成工作协同，减少重复劳动，提高工作效率。例如，在数字资源管理方面，信息科技部门可以与图书管理部门紧密合作，共同制定数字化馆藏的管理标准和流程，从而提高数字资源的整体管理水平。

最后，建立跨部门合作机制还能够激发创新。各部门之间的交叉合作可以带来不同领域的思维碰撞，促使创新理念的涌现。例如，信息科技部门的技术创新可以与图书管理部门的读者服务创新相结合，共同推动图书馆服务的不断升级。通过跨学科、跨专业的合作，数字时代图书馆可以更好地适应快速变化的科技环境，提供更具创新性的服务。

（三）持续创新与实践

1. 培养创新思维

首先，培养创新思维对于图书馆员在数字时代提供更优质服务至关重要。随着科技的不断发展，图书馆服务需要不断适应新的需求和挑战，这要求图书馆员具备创新思维，敢于尝试新的服务模式、技术工具，以更好地满足用户的期望。创新思维是一种敏锐的观察和思考方式，可以帮助图书馆员更好地把握行业变化，及时发现并解决问题。

其次，参与创新项目是培养创新思维的有效途径之一。图书馆员可以积极参与各类创新项目，如数字化服务平台的构建、虚拟实境技术的应用等。通过参与这些项目，图书馆员能够深入了解新兴技术和服务模式，积累实践经验，培养解决问题的能力。这种参与式的学习和实践过程有助于打破思维定式，激发创新的动力。

再次，举办创意工作坊是培养创新思维的另一有效方式。创意工作坊可以为图书馆员提供一个开放、自由的交流平台，鼓励他们分享创新理念、挑战传统观念。通过集思广益，图书馆员可以汲取各种观点，促使他们在工作中更加灵活和富有创造力。工作坊还可以设立具体的问题或挑战，让图书馆员围绕这些问题展开头脑风暴，培养解决问题的能力。

最后，创新思维的培养需要建立一种鼓励尝试和接受失败的文化。在数字时代，新技术和新服务模式的引入往往伴随着一定的风险。图书馆员应当被鼓励尝试新的想法，即便失败也能够从中学到宝贵的经验教训。通过建立这种勇于创新的文化，可以激发图书馆员更加积极地参与到数字服务的创新中。

2. 实践操作

首先，理论知识的实际应用对于图书馆员素质提升至关重要。在数字时代，图书馆服务需要更加贴近用户需求，理论知识的实际运用是实现这一目标的关键。图书馆员应当首先通过深入了解用户需求，掌握用户的信息获取习惯、偏好和痛点，为后续的服务提供有力的指导。

其次，参与数字化服务项目是实践操作的重要途径之一。数字化服务项目通常涉及新技术的应用、服务流程的优化等方面，通过参与这些项目，图书馆员能够在实际操作中深入了解新技术工具的使用方法，同时更好地适应数字化服务的工作流程。例如，可以通过参与数字化资源管理系统的建设，实际运用新的数字化工具，为图书馆的数字服务提升做出贡献。

再次，应用新技术工具是提高图书馆员实际操作能力的关键。数字时代涌现了许多新的技术工具，如人工智能、大数据分析等，这些工具为图书馆服务的优化提供了巨大的机会。图书馆员应当学会运用这些新技术工具，例如通过数据分析了解用户行为，通过人工智能提供个性化服务。在实际应用中，图书馆员能够更好地适应技术的更新和变化，为用户提供更智能、高效的服务。

最后，实际操作中的问题发现与调整是图书馆员不可忽视的方面。通过在服务过程中及时收集用户的反馈意见，发现服务中的问题并迅速调整服务策略，是图书馆员实践操作中的重要一环。例如，通过用户调查、建立反馈渠道等方式，图书馆员能够及时了解用户的满意度和需求变化，从而调整服务方向和策略。

第三节　图书馆员的职业发展途径

一、职业发展路径

(一) 晋升管理层

1.基础岗位经验积累

首先，对于刚刚进入图书馆工作的新员工，积累实际工作经验是提高职业素养的首要任务。在基础岗位上，他们应首先了解并熟悉图书馆的基本运作机制。这包括熟悉图书馆内部的各个部门、了解图书馆的组织结构、熟悉工作流程等。通过对图书馆的基础结构和运营方式的全面理解，新员工能够更好地融入工作环境，更高效地履行岗位职责。

其次，新员工需要在基础岗位上注重对图书馆各项业务的深入理解和掌握。这包括图书馆的文献检索、图书馆服务流程、馆藏管理等方面的具体业务。通过深入学习这些基础业务，新员工能够更好地应对工作中的具体问题，提高服务水平。例如，学习如何使用图书馆管理系统，了解馆内资源的分类和组织方式，是基础岗位经验积累的重要一环。

再次，新员工应在基础岗位上培养与读者的良好沟通能力。图书馆工作直接面向读者，因此与读者的有效沟通是提供优质服务的关键。在基础岗位上，新员工可以通过解答读者的问题、协助读者查找图书、引导读者使用图书馆资源等方式，逐渐提高与读者交流的能力。建立起与读者的良好关系，对于未来更复杂的工作任务和服务需求会产生积极的影响。

最后，通过在基础岗位上的实际操作，新员工能够逐渐形成对图书馆工作的全局认识。这包括对图书馆内外部环境的认知、对图书馆的使命和目标的理解等。新员工应在基础岗位上通过实际工作，逐渐形成对自身所从事工作的认同感和责任感。这对于今后在图书馆职业生涯中更好地发挥个人作用和实现个人发展目标具有积极意义。

2.学习管理知识与技能

首先，为了实现晋升管理层的目标，图书馆员应当着重学习管理知识与技能。管理岗位通常要求员工具备较高的组织、协调和领导能力。因此，图书馆员可通过参加专业的管理培训和相关课程学习，逐步提高自身的管理水平。这样的学习机会不仅包括传统的面对面课程，还可以通过在线学习平台等多样的途径获取。

其次，图书馆员在管理层晋升的过程中应注重学习管理学的理论知识。通过学习管理学，图书馆员能够系统地掌握组织管理、人力资源管理、战略管理等方面的理论框架。这有助于他们在实际工作中更好地理解和应用管理理论，提高管理决策的科学性和有效性。

再次，团队协作是管理层不可或缺的能力。图书馆员可以通过学习团队协作的相关知识，了解团队形成、发展和协同工作的原理。培养团队协作技能，能够更好地引导和激发团队成员的潜力，提高整体工作效能。

最后，项目管理是管理层必备的技能之一。通过学习项目管理，图书馆员可以了解项目的规划、执行、监控和收尾等方面的方法和工具。这有助于他们在管理层岗位上更好地组织和推动各类项目，确保项目目标的实现。

在学习管理知识与技能的过程中，图书馆员可以选择适合自己的学习路径，例如，可以通过参加管理学院的课程，获得学位；也可以选择参与专业机构举办的管理培训班，获取特定领域的管理技能。此外，图书馆员还可以通过积极参与实际工作中的管理项目，亲身体验管理的方方面面，不断提升自身的管理能力。

3.培养团队领导力

首先，为了培养团队领导力，图书馆员应在基础岗位上展现出色的团队协作和领导才能。这一过程包括积极参与团队项目、与同事有效合作，以及在项目中充当积极的领导者。通过在基础岗位上展现卓越的团队协作和领导能力，图书馆员能够向同事和上级展示其团队合作的潜力和领导潜质。

其次，积极参与项目组织和推动是培养团队领导力的关键步骤。通过亲身参与项目，图书馆员可以在实际工作中锻炼团队领导力。在项目中，他们可以负责制定项目计划、分配任务、监督进度，并协调团队成员的工作。通过这一过程，图书馆员能够逐渐培养起领导团队的经验，提高对团队工作的把控能力。

再次，为了更全面地培养团队领导力，图书馆员还可以通过参与培训和学习领导理论知识。参加领导力培训课程，学习领导力的理论框架、沟通技巧、团队激励等方面的知识，有助于图书馆员在实际工作中更好地应用领导技能。

最后，图书馆员在培养团队领导力的过程中应注意建立积极的领导形象。这包括以身作则，展示积极向上的工作态度，激发团队成员的工作热情。同时，图书馆员还应注重与团队成员之间的良好沟通，及时解决问题，建立起互信的工作关系。

4. 担任管理层职务

首先，要在基础岗位上展现卓越的团队协作和领导才能，图书馆员应该通过与同事合作，有效地参与团队项目，发挥自己的领导潜力。这包括在日常工作中与同事密切合作，共同完成任务，展现出色的协作能力。在团队合作中，图书馆员可以充分发挥领导才能，积极提出建议、引导团队方向，展现出领导者的潜力。

其次，积极参与项目组织和推动是培养团队领导力不可或缺的环节。通过主动参与项目的组织与推动，图书馆员能够在实际工作中锻炼领导力，提高组织和协调团队工作的能力。在项目中，他们可以负责拟定项目计划、合理分配任务、监督进度，从而培养对团队工作的全面领导力。

再次，图书馆员可以通过学习领导力理论知识来提高自己的团队领导力。参与领导力培训课程，学习领导力的理论框架、有效沟通技巧、激励团队成员的方法等，有助于图书馆员更好地理解和应用领导力概念。这样的学习可以提高图书馆员的领导能力水平，使其更好地应对团队管理的挑战。

最后，图书馆员在培养团队领导力的过程中，需要注意建立积极的领导形象。这包括以身作则，树立良好的榜样，激发团队成员的工作热情。同时，积极与团队成员沟通，及时解决问题，建立良好的工作关系，为团队的凝聚力和工作效能提供有力的支持。

（二）专业方向深耕

1. 选择专业方向

首先，图书馆员在职业发展中可以考虑选择专业方向，这有助于更好地塑造个人专业形象。在选择专业方向时，应该充分考虑自身兴趣和擅长领域，以及当前图书馆领域的发展趋势。通过对专业方向的明确，图书馆员可以更有针对性地规划自己的学术和职业发展路径，使个人成长更加有序。

其次，数字图书馆建设是一个备受关注的专业方向。随着信息技术的不断发展，数字图书馆在图书馆学领域扮演着越来越重要的角色。图书馆员选择数字图书馆建设方向，可以深入研究数字化技术在馆藏管理、资源获取和服务创新中的应用。这一方向涵盖了数字资源管理、信息存储与检索、数字化策略等多个层面，有助于图书馆员在数字时代保持竞争力。

再次，知识管理是另一个值得考虑的专业方向。在信息过载的时代，知识管理成为组织高效运作和信息利用的关键。图书馆员选择知识管理方向，可以研究知识获取、存储、传递和应用的方法，为图书馆提供更智能、高效的服务。这一方向的发展还涉及信息组织、分类和标引等技术，对于图书馆员全面提升信息管理水平具有积极意义。

最后，信息检索技术是一个具有前瞻性的专业方向。信息检索技术通过研究检索算法、搜索引擎优化等，致力于提高信息检索的效率和准确性。图书馆员选择这一方向，可以在信息组织和检索领域深耕，为用户提供更智能、个性化的信息服务。随着大数据和人工智能技术的发展，信息检索技术将更加引人注目，对于图书馆员的专业发展提出了更高的要求。

2. 参与学术研究与出版

首先，积极参与学术研究是深耕专业方向不可或缺的一环。图书馆员可以通过关注领域内的最新研究成果、阅读学术期刊、参与学术讨论，不断拓展专业知识。通过参与学术研究项目，图书馆员能够深入了解当前领域的研究问题、方法和前沿技术，为解决实际问题提供理论支持。

其次，积极发表学术论文是提升在专业领域影响力的有效途径。通过将自己的研究成果写成学术论文，并投稿到相关期刊，不仅有助于分享经验和见解，还能够与同行学者进行深入的学术交流。发表学术论文还有助于建立个人的学术声誉，提升在学术界的知名度。

再次，参与学术会议是学术交流的重要平台。图书馆员可以通过提交摘要、参与演讲、主持分论坛等方式参与学术会议。在学术会议上，图书馆员能够结识更多同行专业人士，了解不同机构的实践经验和研究成果，拓宽视野，推动自身研究的深入发展。

最后，有机会参与专业书籍或教材的编写是提升专业影响力的另一途径。编写专业书籍不仅能够传递自己的研究成果，还能够对相关领域的理论框架和实践经验进行系统总结。这对于培养学科建设的重要性，有助于在学术界树立权威形象。

3. 提升在专业领域的影响力

首先，要提升在专业领域的影响力，图书馆员需要进行深度研究。这包括对领域内最新的研究成果、理论框架和实践经验的深入了解。通过阅读相关领域的专业文献、参与学术研究项目，图书馆员可以建立起对该领域的全面认识，为未来的专业发展奠定基础。

其次，积累专业知识和经验是提升影响力的关键。图书馆员可以通过实际工作中的项目参与、解决实际问题的经验积累，逐渐形成自己在专业领域的核心竞争力。此外，深度参与行业内的交流和合作，与同行专业人士建立合作关系，也是积累专业经验的有效途径。

再次，要提高专业影响力，图书馆员需要积极分享自己的研究成果和实践经验。参与学术会议、撰写学术论文、发表专业博客等方式都是有效的分享途径。通过这些渠道，图书馆员可以将自己在专业领域的见解传递给更广泛的专业人士，建立自己在该领域的专业声誉。

最后，要提升专业领域的影响力，图书馆员还需要关注领域内的前沿动态。通过定期关注学术期刊、参与学术研讨会、加入专业组织等方式，及时了解领域内最新的理论发展和实践趋势，保持专业知识的更新。

（三）转型数字服务领域

1.学习数字服务相关知识

首先，为了适应数字时代图书馆服务的发展，图书馆员应该主动学习数字服务相关的知识。这包括数字资源管理方面的专业知识，例如数字图书馆的建设和维护、电子书和数字期刊的管理等。对于信息技术的应用也是至关重要的，图书馆员需要了解图书馆管理系统、数据库管理、信息检索技术等数字化工具的使用和维护。此外，数字化服务策划是数字时代图书馆服务的关键，因此，图书馆员还应该学习数字化服务策划的理论和实践，以更好地满足读者需求。

其次，数字资源管理是数字时代图书馆服务的核心，图书馆员需要深入学习数字资源的获取、组织、存储和传播等方面的知识。了解数字资源的版权管理、数字鉴别标识、数字化保存等相关法规和标准也是不可或缺的一部分。这方面的学习可以通过参加数字图书馆建设的培训课程、研讨会等方式进行，以不断提升数字资源管理的专业水平。

再次，信息技术应用是数字服务的基础，图书馆员需要深入学习数据库的管理与维护、图书馆管理系统的使用、网络技术等方面的知识。随着信息技术的不断发展，新的技术工具和方法也层出不穷，图书馆员需要时刻关注行业最新动态，保持对前沿技术的敏感性，并及时学习和应用这些新技术。

最后，数字化服务策划是数字时代图书馆服务成功的关键。图书馆员需要学习如何制定数字化服务的战略，设计合理的服务流程，以及评估和改进数字服务的方法。这方面的学习可以通过参与数字服务规划的培训项目、参加数字化服务策划的研讨会等途径进行。

2.参与数字服务项目

首先，积极参与数字服务项目是图书馆员在数字时代提升自身素质的关键一步。通过参与项目，图书馆员可以全面了解数字服务的设计、实施和评估流程，深入理解数字服务的运作机制。参与项目的过程中，图书馆员将直接面对实际的数字服务需求和挑战，使其在实践中逐步培养其对数字服务领域的专业实践经验。

其次，项目参与不仅可以提升图书馆员在数字服务领域的实践经验，还能够锻炼其解决问题的能力。数字服务项目通常涉及多方面的知识和技能，包括项目管理、团队协作、用户需求分析等。通过积极参与这些项目，图书馆员将能够更好地协调各种资源，解决项目中的实际问题，逐渐形成项目管理和解决问题的娴熟技能。

再次，项目参与是图书馆员获取实际操作经验的有效途径。数字服务的实施需要具备一系列操作技能，如数字资源的管理和维护、数据库的搭建与维护等。通过参与数字服务项目，图书馆员将有机会直接操作这些数字化工具，提高在实际操作中的熟练度，从而更好地应对日常工作中的具体问题。

最后，项目参与也是培养图书馆员团队协作和沟通能力的有效方式。数字服务项目通常需要多个部门协同合作，图书馆员在项目中将学会与其他专业人士合作，有效沟通项目中的进度和问题。这有助于图书馆员培养跨学科的团队协作能力，提升整体团队的工作效能。

3.担任数字服务相关职务

首先，随着数字时代图书馆服务的不断发展，图书馆员通过具备一定的数字服务知识和实践经验，将逐渐具备竞聘或被提名担任数字服务相关职务的资格。这一过程是图书馆员在数字时代适应图书馆工作需求的重要一步。

其次，担任数字服务相关职务是图书馆员在数字时代更好地发挥专业优势的关键。数字资源管理员、数字化服务策划师等职务需要图书馆员具备深入的数字服务理念、技术知识和实践经验。担任这些职务的图书馆员将负责数字资源的采集、整合、管理和推广，以及数字服务项目的规划和执行。通过这些职务，图书馆员可以更深度地参与数字化服务的方方面面，为图书馆的数字化转型贡献更多的专业力量。

再次，数字服务相关职务的担任将使图书馆员更好地理解数字时代图书馆工作的全局。在这些职务中，图书馆员将面对更广泛、更复杂的工作内容，需要协调不同部门之间的合作，推动数字服务项目的落地和实施。这有助于图书馆员形成更全面、更系统的数字服务工作观念，提升其在数字时代图书馆服务中的综合素质。

最后，数字服务相关职务的担任也为图书馆员提供了更广阔的职业发展空间。在这些职务中，图书馆员将有机会参与更多国内外合作项目，拓宽专业领域的国际视野，提高在数字时代图书馆领域的国际竞争力。这对于图书馆员未来的职业发展和晋升至更高层次的管理岗位具有积极意义。

二、发展途径的建议

（一）学历与证书提升

1. 进修学位与专业证书

首先，通过进修学位，图书馆员可以在图书馆学、信息管理等相关领域深耕专业知识。获得硕士或博士学位不仅提升了图书馆员的学历水平，还为其提供了更深层次的学术研究能力。在学术领域取得更高学位的图书馆员，不仅在专业知识上更为精通，还能够为图书馆的学术研究和创新发展做出更大的贡献。

其次，获得相关专业证书是提高图书馆员专业水平的有效途径。图书馆学、信息管理等领域的专业证书通常涵盖了该领域的基础知识和技能，对于提升图书馆员在职业发展中的竞争力至关重要。这些证书的获得可以证明图书馆员在特定领域具备专业素养，有助于在招聘、评聘等环节中更具优势。

再次，进修学位和获得专业证书也是图书馆员不断提升自身职业发展的有效途径。随着信息科技的不断发展和图书馆服务的深度数字化，图书馆员需要不断更新知识储备和适应新技术的应用。通过进修学位和获得专业证书，图书馆员可以及时了解最新的图书馆学理论和实践，保持在行业内的领先地位。

最后，学历和专业证书的提升也为图书馆员争取更高级别职位提供了坚实的基础。在担任管理职务、项目领导或学科带头人等高级别职位时，拥有更高学历和专业证书的图书馆员更容易获得领导层的认可和信任。这不仅有助于个人职业发展，也为图书馆整体业务水平的提升做出了贡献。

2.注重跨学科学习

首先，跨学科学习是图书馆员不断提升自身综合素质的关键步骤。在数字时代，图书馆服务涉及多个领域，包括信息科学、社会学、心理学等，这就要求图书馆员具备跨学科的知识视野。通过跨学科学习，图书馆员可以拓展自己的知识边界，更全面地理解数字时代图书馆服务的复杂性。

其次，跨学科学习有助于图书馆员更好地应对快速变化的工作环境。数字时代图书馆服务的发展速度迅猛，新技术、新理念不断涌现。通过跨学科学习，图书馆员可以更及时地了解不同领域的最新发展动态，为图书馆的创新和改革提供更多的参考和支持。

再次，跨学科学习提升了图书馆员解决问题的能力。数字时代图书馆工作涉及各种复杂的问题，需要图书馆员具备解决跨学科问题的能力。通过学习不同领域的知识，图书馆员可以更灵活地运用多学科知识来分析和解决实际工作中遇到的问题，提高问题解决的效率和水平。

最后，跨学科学习也有助于提升图书馆员的综合竞争力。在职场上，拥有跨学科知识的图书馆员更容易胜任复杂多样的工作任务，更容易在团队中脱颖而出。跨学科学习为图书馆员赋予了更广泛的视野，使其能够更好地适应未来数字时代图书馆服务的发展需求。

3.学习与工作结合

首先，将学习与工作结合是图书馆员在学历和证书提升过程中必须重视的重要环节。学到的理论知识需要能够在实际工作中得以应用，通过将学习的内容与实际工作相结合，图书馆员能够更好地理解理论知识的实际应用场景。

其次，项目实践是促进学习与工作结合的有效途径。通过参与项目，图书馆员能够将课堂学到的理论知识应用到实际项目中，深入了解项目的需求和挑战。这种实际操作不仅加深了对理论知识的理解，还培养了解决实际问题的能力。

再次，实际案例分析也是一种将学习与工作结合的方法。通过分析实际工作中的案例，图书馆员能够更具体地理解理论知识在不同场景下的应用。这种案例分析不仅能够提升解决问题的能力，还有助于形成对复杂工作情境的全面认识。

最后，将学习与工作结合也需要不断反思和调整。图书馆员应该在实际工作中不断总结经验，反思所学知识在工作中的实际效果，及时调整学习和工作的结合方式。这种反思过程能够让图书馆员在学习和工作中不断优化自己的能力和表现。

（二）参与学术活动

1.积极参与学术研究

首先，积极参与学术研究是图书馆员不断提升自身专业水平的关键一步。通过深入研究图书馆学科领域的前沿问题，图书馆员能够深刻理解当前行业的挑战和机遇。这种深度的学术研究有助于拓宽图书馆员的学科视野，使其对图书馆事业的理解更为全面深刻。

其次，学术研究可以为图书馆员提供更多的创新思路。在研究的过程中，图书馆员将面临各种学术问题和实践难题，需要通过深入思考和分析找到解决方案。这种创新性的思考过程不仅有助于解决当前问题，还能够培养图书馆员的创新思维，为图书馆的未来发展提供新的思路和战略。

再次，通过学术研究，图书馆员能够建立起自己在学术界的声望。积极参与学术研究项目，发表高水平的学术论文，参与学术会议，都是提高个人学术声望的途径。这种学术声望的积累不仅有助于提升图书馆员在行业内的地位，还为其未来的职业发展奠定了坚实的基础。

最后，学术研究的结果可以直接应用于图书馆的实践工作。通过将学术研究成果与实际工作相结合，图书馆员可以更好地指导和推动图书馆的发展。这种将理论与实践相结合的方式有助于提高图书馆员解决实际问题的能力，使其在日常工作中更具敏锐性和创造力。

2.发表学术论文

首先，参与学术活动的重要一环是通过深入研究发表学术论文。学术论文是图书馆员分享研究成果的有效途径，能够为学术界提供新的见解和思考。首先，通过仔细选择研究主题，图书馆员可以确保自己的研究具有学术深度和实际意义。这有助于提升论文在学术界的可信度和影响力。

其次，选择合适的学术期刊或会议是发表学术论文的关键。首先，图书馆员需要了解不同学术期刊或会议的定位和要求，确保自己的研究主题与期刊或会议的关注领域匹配。其次，通过仔细阅读该领域的相关文献，了解前沿研究动态，确保自己的论文能够对学术界有所贡献。

再次，撰写高质量的学术论文是提升发表效果的关键。首先，清晰明确的论文结构和逻辑能够使读者更好地理解研究的思路和结论。其次，规范的引用和参考文献格式是学术论文的基本要求，体现了学术操守和研究的可信度。再次，通过精炼语言表达，确保论文通俗易懂，有助于吸引更多读者的关注。

最后，积极参与学术界的讨论与交流，是进一步提升个人学术声望的关键步骤。首先，通过参加学术会议、研讨会等活动，图书馆员可以与同行进行深入交流，获得反馈和建议。其次，积极回应同行评审的意见，不断完善自己的研究工作，提高学术论文的质量。

3.学术交流与合作

首先，积极参与学术交流与合作对于图书馆员来说是持续专业发展的关键一环。加入相关学术组织和协会提供了一个广泛交流的平台，使图书馆员能够与同行分享经验、学习最新行业动态，以及参与专业研讨。这种学术交流不仅拓宽了个人视野，还有助于将理论知识与实践经验相结合，提高专业素养。

其次，通过与同行进行学术交流，图书馆员有机会建立起广泛的合作关系。与其他图书馆员、学者进行深入交流，共同讨论图书馆学科领域的前沿问题，有助于形成跨学科的合作团队。这种合作关系不仅可以促进学术研究的深度和广度，还为解决实际图书馆工作中的难题提供了更多的思路和支持。

再次，通过学术交流，图书馆员能够获取新的学术资源。参与学术研讨会、研究项目等活动，不仅有助于了解最新的研究成果，还可以获得其他学者的建议和指导。这些资源的获取对于图书馆员在学术研究和实践中具有指导性和推动作用，有助于提高其在图书馆学科领域的专业水平。

最后，学术交流是拓展个人在图书馆学科领域的人脉的有效途径。通过与同行建立良好的关系，图书馆员可以获得更多的支持和合作机会，也能够在学术圈内建立起个人的声望。这种人脉的拓展不仅对于当前的学术研究和工作有积极的影响，还为未来的职业发展奠定了坚实的基础。

（三）持续学习与更新知识

1.关注行业动态

首先，对于图书馆员而言，关注行业动态是不可或缺的职业素养之一。随着数字时代图书馆服务的迅速发展，持续关注行业动态有助于图书馆员及时获取最新的信息，保持对行业变化的敏感性。这种敏感性不仅仅是对技术的关注，还包括对政策、用户需求、服务模式等多个方面的综合洞察。

其次，数字时代图书馆服务的发展日新月异，新兴技术的应用和服务模式的创新层出不穷。因此，图书馆员需要通过不断关注行业动态，了解并熟悉最新的技术趋势，以便更好地应用于图书馆服务中。例如，随着人工智能、大数据等技术的崛起，图书馆员可以通过关注行业动态，了解如何将这些新技术应用于信息管理、服务优化等方面。

再次，政策法规是图书馆服务运作的重要规范。通过关注行业动态，图书馆员能够及时了解相关政策的变化，确保图书馆服务的合规性和符合法规要求。这对于数字资源的采集、管理以及读者隐私的保护都至关重要。

最后，用户需求和行为在数字时代也在不断变化。通过关注行业动态，图书馆员可以更好地了解用户的期望和需求，有针对性地进行服务优化。这包括了解用户喜好、使用习惯、对新技术的接受程度等方面，为图书馆提供更贴近用户需求的服务。

2. 参与培训与研讨会

首先，积极参与行业内的培训与研讨会是图书馆员不可或缺的学习途径。这种参与不仅为图书馆员提供了获取最新图书馆科技、管理和服务知识的机会，还为他们创造了与同行交流的宝贵平台。在这个数字时代，图书馆服务的快速演进要求图书馆员保持持续学习的态度，而参与培训与研讨会正是实现这一目标的有效途径。

其次，培训与研讨会的内容涵盖了广泛的图书馆领域，包括但不限于数字资源管理、信息技术应用、读者服务创新等。图书馆员可以通过参与这些活动，深入了解不同领域的最新动态，提升自己的综合素养。举办这类活动的机构通常会邀请行业内的专业人士和学者，为图书馆员提供权威、实用的知识。

再次，培训与研讨会为图书馆员提供了与同行进行深入交流的机会。通过与其他图书馆员分享实践经验、探讨行业趋势，图书馆员能够从多个角度获得启示，并更好地理解和应对图书馆服务中的挑战。这种同行之间的互动还能够促进行业内的合作与共赢。

最后，培训与研讨会是图书馆员专业发展的关键一环。通过参与这些活动，图书馆员不仅能够获得新知识，还能够建立自己在图书馆领域的专业声望。这对于提升个人职业竞争力、争取更高级别的职位都具有积极意义。

3. 掌握前沿技术

首先，作为数字时代图书馆服务的从业人员，图书馆员需要不断学习和深入掌握前沿的数字技术，以适应日新月异的科技发展。其中，人工智能和大数据分析等技术是数字时代图书馆服务中极为重要的组成部分。

其次，人工智能作为一种模拟人类智能行为的技术，已经在图书馆服务中展现出广泛的应用前景。图书馆员可以通过学习人工智能的基本原理、算法和应用案例，深刻理解其在图书馆领域的潜在作用。例如，利用人工智能技术进行文献检索、图书推荐、智能问答等服务，能够大幅提高图书馆服务的效率和质量。

再次，大数据分析是数字时代图书馆服务中的另一项关键技术。通过深入学习大数据分析的方法和工具，图书馆员能够更好地理解读者行为、优化馆藏、提高服务质量。例如，通过分析读者借阅记录、关注领域的热门主题，图书馆可以更有针对性地扩展馆藏，满足读者的信息需求。

此外，云计算、物联网等新兴技术也是图书馆员需要关注和学习的方向。云计算能够提供弹性的计算和存储资源，为图书馆提供更灵活的服务模式；物联网技术可以实现图书馆设施的智能化管理，提升服务的智能化水平。

最后，通过对前沿技术的深入学习和实践，图书馆员不仅可以提高数字服务的水平，还能更好地引领图书馆服务的未来发展。积极跟进并适应前沿技术的发展，将使图书馆服务更具创新性、前瞻性，并更好地服务于社会大众。

第六章　数字化技术应用与创新

第一节　数字化技术的演变及其在公共图书馆的应用

一、技术演变历程

（一）数字化技术的初期发展

1. 电子化图书馆管理系统的兴起

数字化技术在公共图书馆的初期应用主要体现在电子化图书馆管理系统的兴起。这一阶段，图书馆引入电脑技术，实现了基本的馆藏管理、借还书等功能的电子化。这使得图书馆的工作效率得到了显著提升，为后续数字化发展奠定了基础。

2. 基本管理功能的电子化

数字化技术的初期注重实现基本的管理功能的电子化，包括图书的编目、索引、馆藏的管理等。这一阶段的主要目标是提高图书馆内部管理的效率，减少人工操作的复杂性，确保图书馆基本服务的顺畅运作。

（二）网络技术的普及与发展

1. 互联网与数字资源的在线检索

随着互联网的普及，数字化技术开始与网络技术相结合，实现了图书馆资源的在线检索。这一阶段，图书馆逐渐建立了数字化的图书馆信息系统，读者可以通过互联网远程访问图书馆的资源，实现了信息的全球化传播。

2. 数字资源的增加与多样化

网络技术的发展也促进了数字资源的增加与多样化。电子图书、在线期刊、数字化档案等数字资源逐渐增多，读者可以在网络上获取更加丰富多样的信息，为知识获取提供了更多选择。

（三）移动互联网时代的来临

1. 移动端应用的推出

随着移动互联网的兴起，公共图书馆逐渐推出移动端应用。读者可以通过手机或平板电脑随时随地访问图书馆的资源，实现了更加便捷的阅读和借阅体验。移动应用的普及进一步拓展了图书馆服务的覆盖范围。

2. 阅读体验的便捷化

移动互联网时代，阅读体验变得更加便捷。读者可以通过移动设备在线阅读电子图书、参与在线讨论、收听数字化的图书馆讲座等，使得图书馆服务更贴近读者的生活方式。

（四）智能化时代的到来

1. 人工智能技术的应用

当前，数字化技术进入智能化时代。人工智能技术的应用使得图书馆服务更加智能、个性化。通过深度学习和用户行为分析，系统能够理解读者的需求，提供更准确的推荐服务。人工智能还应用于自动化馆员、智能图书分类等领域，为图书馆的管理和服务提供了更高效的解决方案。

2. 大数据和云计算的崭露头角

智能化时代的另一个特征是大数据和云计算的崭露头角。大数据技术的应用使得图书馆能够更深入地了解读者行为，优化馆藏和服务。云计算为图书馆提供了更强大的计算和存储能力，支持数字化服务的高效运作。

二、应用案例与效果

（一）数字化馆藏管理系统的应用

1. 提高管理效率

数字化馆藏管理系统的应用在图书馆管理中发挥了关键作用。通过系统的电子化，图书馆管理员可以更轻松地查询馆藏信息、监控图书借还情况，实现馆藏的精准管理。这提高了管理效率，使图书馆能够更好地应对庞大的馆藏量。

2. 数据统计与分析

数字化馆藏管理系统不仅记录了每本书的基本信息，还可以通过数据统计和分析功能为图书馆决策提供支持。管理员可以轻松获取馆藏使用情况、读者偏好等数据，从而优化馆藏策略，确保满足读者需求。

3. 自动化流程

系统的应用使得图书馆的流程更加自动化。例如，自动化的借还书流程通过自助借还机实现，读者可以更便捷地完成借阅操作，减轻了馆员的工作压力，提高了服务效率。

（二）在线检索与借阅服务

1. 实现全球范围内的信息检索

随着网络技术的应用，公共图书馆的资源实现了在线检索服务。读者可以通过图书馆网站或移动端应用，实现全球范围内的图书检索。这使得读者无需亲临图书馆，便能获取所需信息，极大地方便了阅读者。

2. 远程借阅与续借

在线检索服务的应用也促进了远程借阅与续借服务的发展。读者可以在家或办公室通过数字化平台查询图书信息、进行借阅，并在需要时进行续借。这种服务方式打破了时间和空间的限制，提高了服务的便捷性。

3. 个性化服务

通过在线检索，系统能够根据读者的检索历史和兴趣推荐相关图书，实现个性化服务。这不仅提高了读者的满意度，还促进了图书馆资源的更好利用。

（三）移动端应用的推出

1. 随时随地访问图书馆资源

移动互联网时代，图书馆推出了移动端应用，为读者提供了随时随地访问图书馆资源的便捷途径。通过应用，读者可以在公交车上、咖啡厅中随时浏览数字化馆藏，实现了图书馆服务的移动化。

2. 个人借阅历史的查看与管理

移动端应用还使得读者能够方便地查看个人借阅历史、归还提醒等信息。这为读者提供了更多个性化的服务，使得他们能够更好地管理自己的阅读记录。

3. 预约、借还书等功能的在线化

通过应用，读者可以在线进行图书的预约、借还书等操作。这不仅提高了操作的便捷性，还为图书馆提供了更为高效的管理方式。

（四）智能推荐系统的运用

1. 个性化推荐服务的提供

智能推荐系统的应用使得图书馆能够为每位读者提供个性化的推荐服务。通过分析读者的借阅历史、兴趣爱好等信息，系统能够精准地推荐符合读者喜好的图书，提高了资源的匹配度，丰富了阅读体验。

2. 促进多元阅读体验

智能推荐系统通过引导读者接触不同主题、领域的图书，促进了多元化的阅读体验。这有助于打破读者的阅读局限，拓展其知识面，提升阅读的广度和深度。

3. 提高阅读精准性

系统通过对大量数据的分析，可以更准确地了解读者的兴趣和需求。这不仅提高了推荐的精准性，减少了读者搜索的时间，同时也为图书馆的馆藏发展提供了有针对性的建议。

第二节　人工智能与大数据在图书馆管理中的应用

一、人工智能在图书馆管理中的应用

（一）智能推荐系统

在图书馆管理中，智能推荐系统通过分析读者的兴趣和历史借阅记录，为读者提供个性化的图书推荐服务。

1. 提升阅读体验

首先，智能推荐系统作为数字时代图书馆服务的重要组成部分，其核心功能在于通过先进的算法和数据分析，为读者提供个性化、精准的图书推荐。这一技术的引入不仅在提升阅读体验方面发挥着重要作用，同时也深刻影响了图书馆的服务模式和图书管理策略。

其次，智能推荐系统的核心优势之一是其能够准确捕捉到读者的阅读偏好。通过分析读者的借阅历史、收藏书单、搜索记录等数据，系统可以全面了解读者的兴趣爱好、学科领域偏好以及阅读深度，为每位读者量身定制推荐策略。这种个性化的推荐服务使读者能够更轻松地找到符合自己口味和需求的图书，从而提高了阅读体验的满意度。

再次，智能推荐系统在提升阅读体验的过程中，凸显了服务的针对性。系统不仅能够根据读者的偏好推荐相关性更高的图书，还能够考虑到读者当前的需求，例如推送与读者正在研究或学习的主题相关的最新著作。这种针对性的服务不仅丰富了读者的阅读体验，也加强了图书馆与读者之间的互动与关联。

最后，智能推荐系统的引入不仅提高了阅读的个性化和针对性，同时也为图书馆带来了一系列管理上的挑战和变革。图书馆需要建立强大的数据管理和分析体系，确保推荐系统能够有效地利用大量的读者数据。此外，图书馆还需要与出版商、图书供应商等合作，确保推荐系统所基于的图书信息是全面、准确的，以提供更加可信赖的服务。

2. 促进多元化阅读

首先，多元化阅读在数字时代成为图书馆服务的重要目标之一。智能推荐系统通过对不同读者兴趣的深入分析，为图书馆提供了有效的工具，帮助推动多元化阅读体验的实现。通过引入先进的算法和数据分析技术，系统能够准确捕捉到读者的阅读偏好，为其推荐跨领域、多样性的图书。

其次，智能推荐系统通过分析读者的阅读历史、搜索记录、收藏清单等信息，可以综合了解不同读者的阅读偏好和兴趣范围。系统不仅关注读者已经涉猎的领域，还通过推荐跨领域的图书，帮助读者发现新的阅读兴趣点。这种推荐策略有助于读者走出舒适区，促使其尝试阅读更加广泛、多元的主题，实现知识的跨领域融合。

再次，智能推荐系统在促进多元化阅读的过程中，对图书馆和读者之间的互动起到了积极的推动作用。通过不断优化推荐算法，系统可以更好地理解读者的多元化需求，从而提供更为精准的推荐服务。这种互动促进了图书馆与读者之间的密切关系，使得图书馆能够更好地满足读者的个性化阅读需求，提高服务质量和效果。

最后，多元化阅读经验的推动也涉及图书馆与出版商、作者等其他利益相关方的合作。图书馆需要与多个领域的出版商建立合作关系，确保馆藏中包含丰富多样的图书资源。此外，与作者和学者的紧密合作也有助于引入更多具有多元视角的图书，丰富图书馆的馆藏，为读者提供更多选择。

3. 优化馆藏利用

智能推荐系统的反馈数据可以被用于了解哪些图书更受欢迎，从而帮助图书馆优化馆藏，更精准地满足读者需求。

（二）智能图书分类

人工智能技术的应用使得图书馆的图书分类更为智能化。通过自动图书分类系统，图书馆可以获得以下好处：

1. 提高管理效率

首先，智能图书分类系统的应用极大地提高了图书馆的馆藏管理效率。传统手工分类通常需要耗费大量时间和人力，馆员需要根据一定的分类规则，逐一对图书进行分类。然而，智能图书分类系统通过先进的算法和技术，能够快速而准确地对图书进行分类，避免了烦琐的手工过程。这不仅减轻了馆员的工作负担，更使得馆藏管理更为高效。

其次，智能系统通过对图书内容、主题等方面的深度分析，能够实现更科学、更准确的分类。相比传统分类方式，系统能够更好地理解图书的多样性和复杂性，提供更为细致和具体的分类结果。这有助于读者更准确地找到他们感兴趣的图书，提升了图书馆的服务质量，也为读者提供了更为个性化和精准的阅读推荐。

再次，智能图书分类系统在大规模馆藏的处理上表现出色。大型图书馆拥有庞大的馆藏，手工分类可能需要花费数月乃至数年的时间。而智能系统能够在相对短的时间内完成大规模馆藏的分类工作，使得整个馆藏可以更及时地得到整理和更新。这有助于图书馆更灵活地调整馆藏结构，更好地适应读者需求的变化。

最后，智能图书分类系统的应用为图书馆的数字化转型提供了有力支持。通过系统生成的大量数据，图书馆可以更好地了解馆藏的状况、读者的需求，为决策提供科学的依据。这种数据驱动的管理方式使得图书馆更具智能化和数字化水平，使得整个管理流程更为高效、精准。

2. 降低工作负担

首先，自动图书分类系统的引入为图书馆带来了明显的工作效率提升。传统的图书分类工作通常需要馆员花费大量时间和精力，进行烦琐的手工分类工作。而自动图书分类系统通过应用先进的技术，能够在短时间内对大量图书进行自动分类，减轻了馆员的手工劳动负担。这使得馆员可以更加专注于提升图书馆的服务质量和读者体验，从而提高整体运行效能。

其次，自动图书分类系统通过智能化的算法和深度学习技术，能够更准确地理解图书的内容和主题，相比传统手工分类更具科学性和精确性。馆员无需再面对繁杂的分类规则，系统可以根据内容的多样性和复杂性进行更为细致的分类。这有助于提高图书的检索精度，使读者更容易找到符合其需求的图书，提升了图书馆的服务水平。

最后，自动图书分类系统的使用促使了图书馆工作流程的数字化和智能化。系统生成的大量数据和信息可以为图书馆提供更多决策支持，使得管理层能够更科学地规划馆藏发展方向、优化服务模式。这种数字化转型提高了馆员工作的便捷性和智能化水平，为图书馆在数字时代更好地适应变化提供了支持。

3. 提升服务水平

首先，智能分类技术的引入极大地提升了图书馆的服务水平。传统的图书分类系统可能存在分类不准确、效率低下的问题，导致读者在寻找所需图书时耗费较多时间。然而，智能分类系统通过先进的算法和深度学习技术，能够更准确地为图书进行分类，使得图书馆的馆藏更易于查找和管理。读者通过更快速、更精准地找到所需图书，体验到了更便捷的服务，从而提高了对图书馆的满意度。

其次，智能分类系统的个性化服务功能进一步提升了图书馆的服务水平。通过分析读者的阅读历史、偏好和兴趣，系统能够为每位读者推荐更符合其口味和需求的图书。这种个性化服务使得读者感受到更为贴心和专属的关怀，提高了他们对图书馆资源的使用欲望。这种定制化的服务体验有助于建立读者与图书馆之间更紧密的连接，促进了图书馆与读者的良好互动。

再次，智能分类系统为图书馆提供了更多的数字化服务方式，进一步提升了服务水平。例如，通过智能推荐系统，图书馆可以向读者介绍最新、最热门的图书，推送相关主题的活动信息等，使得读者能够更全面地了解馆内的资源和服务。这种数字化服务方式不仅满足了读者对信息的多样性需求，还为图书馆提供了更灵活的传播途径，提高了服务的覆盖面和深度。

最后，智能分类系统通过数据分析为图书馆提供了更多决策支持，进一步提升了整体服务水平。通过对读者借阅记录、阅读偏好等数据的分析，图书馆能够更好地了解读者的需求，优化馆藏结构，提升服务质量。这种数据驱动的服务理念使得图书馆能够更加精准地满足读者的期待，提高服务的个性化水平。

（三）自动化馆员

数字化时代，自动化馆员通过人工智能技术实现了图书馆基本服务的自动化。以下是其中的一些典型应用：

1. 自动还书机

首先，自动还书机作为图书馆服务的一项创新技术，极大地提高了还书流程的效率。传统的还书流程通常需要图书馆员逐本扫描图书条形码、录入信息，然后将图书重新归类放置。而自动还书机通过先进的自动识别技术，能够在短时间内完成对图书的还原和归类，实现了对还书流程的自动化处理。这一创新不仅加速了还书的速度，也有效降低了图书馆员在还书过程中的工作负担。

其次，自动还书机的准确性为图书馆的服务提供了更可靠的基础。传统手动还书流程中，人工操作难免存在疏漏或错误，例如录入错误、归类失误等问题。而自动还书机通过高效的图书识别系统，能够准确判断图书的信息并将其还原到正确的位置。这不仅提高了还书的准确性，也为读者提供了更为可靠的服务保障。准确的还书流程有助于避免图书混乱和错位，提升了整个图书馆的管理效能。

再次，自动还书机通过减少读者等待时间，极大地提升了图书馆的服务速度。在传统模式下，读者需要排队等待图书馆员逐一处理还书，这往往会导致服务效率不高，尤其在高峰时段。而自动还书机能够在短时间内处理多本图书，使得读者能够更快速地完成还书流程。这种高效的服务速度不仅提升了读者的体验感，也为图书馆创造了更加顺畅的服务流程。

最后，自动还书机的应用也为图书馆实现了人力资源的有效配置。通过自动化的还书流程，图书馆员可以更专注于更高层次的服务和管理工作，提升了整体运行效能。这种人力资源的优化配置有助于图书馆更好地应对服务需求的波动，提高了服务的稳定性和灵活性。

2. 智能导览系统

首先，智能导览系统是一种基于语音或图像识别技术的创新服务，对于提升读者的导览体验起到了关键作用。传统的图书馆导览往往需要读者通过地图或标识牌自主寻找目标书籍或区域，这种方式存在信息获取不便、导览效率低下的问题。而智能导览系统通过语音或图像识别，可以精准地引导读者到达目标位置，极大地提高了导览的便捷性和效率。读者可以通过简单的语音或图像输入，即可获取详细的导览信息，使整个导览过程更为智能化和用户友好。

其次，智能导览系统的语音识别技术为一些特殊群体提供了更加友好的服务。例如，对于视觉障碍者而言，语音导览系统可以通过语音提示准确引导其到达目标位置，提升了图书馆服务的包容性。同时，对于外国访客或不熟悉图书馆布局的读者，语音导览系统也能够以更直观、易懂的方式提供导览服务，增加了服务的国际化特色。

再次，智能导览系统通过实时更新导览信息，使其更加适应图书馆布局的变化。传统的导览方式往往需要不断更新标识牌或地图，难以适应图书馆布局的调整。而智能导览系统可以通过实时更新数据库和信息系统，及时反映图书馆内部结构的变化，保持导览信息的准确性和实用性。

最后，智能导览系统通过数据分析，可以为图书馆提供更深入的读者使用行为信息。系统可以记录读者在导览过程中的查询习惯、停留时间等数据，为图书馆提供更加全面的读者行为分析。通过分析这些数据，图书馆可以更好地了解读者的需求，优化图书馆布局，提升整体服务水平。

3. 自动化服务台

首先，自动化服务台是图书馆智能化服务的一大创新，它通过智能语音识别和自动应答系统，实现了对读者的即时响应。传统的图书馆服务台可能存在因服务人员数量不足或繁忙而导致读者等待时间较长的问题，而自动化服务台的引入有效缓解了这一问题。通过智能语音识别，自动化服务台能够准确识别读者提出的问题，并通过自动应答系统给予即时、精准的回答，提高了服务效率，为读者提供更为便捷、高效的服务体验。

其次，自动化服务台的自动应答系统具有良好的可定制性。图书馆可以根据自身的需求和读者的特点，对自动应答系统进行灵活定制。这包括设置常见问题的答案、更新服务信息、提供最新馆内活动等。通过不断优化和更新系统的知识库，自动化服务台能够及时适应图书馆服务的变化，保持信息的准确性和实用性。

再次，自动化服务台通过记录和分析读者的提问数据，为图书馆提供了宝贵的用户反馈。系统能够自动记录读者的常见问题、服务需求以及反馈意见，这些数据对于图书馆进行服务改进和决策制定具有重要价值。通过数据分析，图书馆可以更好地了解读者的关注点、需求热点，从而优化服务策略，提升整体服务质量。

最后，自动化服务台的 24 小时在线特性为图书馆提供了全天候的服务能力。无论是在正常工作时间还是非工作时间，读者都能够通过自动化服务台获取所需信息，这有助于提高图书馆服务的普及度和覆盖面。对于一些有特殊时间需求或紧急问题的读者，自动化服务台的全时响应能力能够更好地满足其需求，提高了服务的灵活性和便捷性。

二、大数据在图书馆管理的优势

（一）大数据的应用领域

大数据在图书馆管理中的应用领域广泛，主要包括图书馆资源利用、读者行为分析、服务评估等多个方面。

1. 图书馆资源利用

首先，大数据分析为图书馆提供了深刻的馆藏资源使用洞察。通过收集和分析借阅记录、资源访问情况等大量数据，图书馆能够全面了解读者对馆藏资源的需求和偏好。这种深入的数据洞察能够帮助图书馆明确哪些资源受到读者欢迎，哪些资源相对冷门，为资源更新和优化提供有力支持。

其次，大数据分析有助于发现资源使用的潜在模式。通过对大量数据的挖掘，图书馆可以识别出读者在不同时间、地点或主题下的借阅偏好和行为规律。这样的模式分析有助于图书馆更精准地预测读者的需求，提前调整馆藏资源的配置和服务策略，以更好地满足读者的信息需求。

再次，大数据分析可以支持图书馆进行资源的定向推广。通过了解读者的借阅历史、浏览记录等数据，图书馆可以向特定用户群体推荐相关性更高的资源。这种个性化的推广不仅提高了读者对图书馆资源的感知度，也促进了资源的更广泛利用。

最后，大数据分析为图书馆的决策提供了科学依据。通过对资源利用情况的深入分析，图书馆可以制定更加合理和有针对性的馆藏发展战略。基于数据的决策不仅有助于提高资源的整体利用率，还能够优化图书馆的运营效能，提升服务水平。

2. 读者行为分析

首先，大数据技术为图书馆提供了深入挖掘读者行为的可能性。通过收集、整理和分析读者在图书馆的行为数据，包括但不限于借阅记录、阅读时长、浏览历史等，图书馆可以建立全面的读者档案。这些档案包含了读者的阅读偏好、借阅习惯以及对不同主题的兴趣，为图书馆提供了更为详细和全面的读者画像。

其次，大数据分析有助于准确识别读者需求的变化趋势。通过对大量读者行为数据的趋势分析，图书馆能够了解读者在不同时间段、季节或社会事件影响下的阅读偏好变化。这种趋势分析使图书馆能够更敏锐地捕捉到读者需求的动态变化，及时调整馆藏、推出相关主题活动，提高服务的时效性和贴近性。

再次，大数据分析有助于实现个性化服务。通过深入了解读者的行为数据，图书馆可以利用个性化推荐系统，为每位读者提供定制化的图书推荐。这种个性化服务不仅满足了读者个体的阅读兴趣，也提高了图书馆服务的个性化水平，从而增强了读者的满意度和忠诚度。

最后，大数据技术的应用可以促进图书馆的服务优化。通过对读者行为数据的深度分析，图书馆可以发现服务中的瓶颈和问题，及时进行调整和优化。这种基于数据的服务优化可以提高整体服务效率，使图书馆更好地满足读者的期望和需求。

3. 服务评估

首先，大数据分析在图书馆服务评估中提供了全面的数据支持。通过收集读者的反馈数据和使用数据，图书馆可以建立一个庞大而详实的数据集，包括读者对服务的评价、使用图书馆资源的频率、借阅行为等多个方面。这使得图书馆能够全面了解读者的需求和行为，为服务评估提供更加客观和全面的依据。

其次，大数据分析有助于识别服务瓶颈和问题。通过深入分析读者使用数据，图书馆可以发现服务中可能存在的问题，如借还书流程是否高效、图书馆资源的利用率等。这种对服务瓶颈的识别有助于图书馆及时调整服务策略，解决存在的问题，从而提高整体服务质量。

再次，大数据分析使得服务评估更加精准。通过数据分析工具，图书馆可以量化不同服务的效果，并对比不同时间段、不同服务点的数据，以更加客观地评估服务的优劣。这种精准的服务评估有助于图书馆更有针对性地进行服务改进和优化。

最后，大数据分析的实时性提升了服务评估的时效性。通过实时收集和分析数据，图书馆可以及时了解读者对服务的反馈，及时调整服务策略，提升整体服务水平。这种实时性的服务评估有助于图书馆更加灵活地应对读者需求的变化，保持服务的高效性和时效性。

（二）读者行为分析与个性化服务

大数据分析为图书馆提供了强大的工具，使得对读者行为的深入分析成为可能。通过对读者在图书馆的活动、借阅记录、阅读偏好等数据的挖掘，图书馆可以更准确地了解读者的需求和行为，为其提供更个性化的服务。

1. 个性化推荐服务

首先，个性化推荐服务通过大数据分析构建智能推荐系统，为图书馆提供了更为精准的读者画像。通过深度分析读者的历史借阅记录、阅读偏好、搜索行为等多维度数据，图书馆可以更全面地了解每位读者的兴趣、偏好和阅读习惯，形成个性化的读者画像。

其次，个性化推荐服务提高了图书资源的匹配度。基于读者个性化的画像，智能推荐系统能够准确捕捉读者的阅读兴趣，为其推荐更加符合口味和需求的图书。这样的个性化匹配使得读者更容易找到感兴趣的图书，提高了阅读的满意度和体验。

再次，个性化推荐服务促进了读者对新领域的探索。通过分析读者的历史借阅记录，系统能够发现读者可能感兴趣但尚未接触的领域，并向其推荐相关图书。这有助于打破读者的阅读局限，引导他们尝试新的主题和领域，提升了读者的阅读广度和深度。

最后，个性化推荐服务通过不断学习和优化提高了推荐系统的准确性。随着读者阅读行为和兴趣的变化，推荐系统能够实时调整推荐策略，确保推荐的图书始终与读者的兴趣保持一致。这种动态的个性化推荐机制使得系统能够适应读者变化的需求，提供更为准确和实用的推荐服务。

2. 定制培训服务

首先，大数据分析为图书馆提供了深入了解读者知识水平和需求的有效途径。通过分析读者的阅读历史、借阅记录、检索行为等数据，图书馆可以获得关于读者学科偏好、阅读水平、知识领域的详细信息。这种深度了解为图书馆定制培训服务提供了丰富的数据支持，使得培训内容更加贴近读者的实际需求。

其次，大数据分析可以帮助图书馆根据读者不同的知识水平和需求制定差异化的培训方案。通过对大数据的分析，图书馆可以识别出初学者、中级读者和高级读者等不同层次的读者群体，为每个群体设计相应难度和深度的培训内容，确保培训服务更具针对性和适应性。

再次，大数据分析为图书馆提供了实时的读者反馈和学习成果评估。通过分析培训服务后的数据，包括读者的反馈意见、学习成绩等，图书馆可以及时了解培训效果，发现问题并调整培训方案。这种实时的反馈机制有助于图书馆更灵活地调整培训服务，提高服务质量。

最后，大数据分析还能支持图书馆制定长期的培训发展战略。通过对读者知识水平的长期变化趋势进行分析，图书馆可以预测未来的培训需求，调整培训计划，确保培训服务与读者的学科发展保持一致。

3. 行为预测与服务优化

首先，大数据分析在图书馆中通过建立预测模型，能够深入挖掘读者的历史行为数据，包括借阅记录、阅读偏好、检索关键词等。这些数据不仅反映了读者过去的行为，还能通过算法模型进行分析，揭示潜在的读者需求和行为规律。通过对这些数据的综合分析，图书馆可以更准确地预测读者未来可能的需求和行为。

其次，基于行为预测的大数据分析可以帮助图书馆提前调整服务策略。通过对预测结果的解读，图书馆可以在实际需求出现之前就采取相应的服务措施，如增加特定领域的图书馆藏、推出相关的活动和培训等。这样的提前干预不仅提高了服务的时效性，还能更好地满足读者的个性化需求，提升服务的质量。

再次，大数据分析为图书馆提供了动态的服务优化机制。通过不断收集、分析和应用新的行为数据，图书馆可以实时调整服务策略，保持与读者需求的同步。这种动态优化机制有助于图书馆适应不断变化的用户行为，使服务更具针对性和灵活性。

最后，大数据分析提供了服务效果的反馈渠道。通过对服务调整后的数据进行再次分析，图书馆可以评估服务的效果，了解读者对新服务的反馈和接受程度。这种反馈循环有助于图书馆不断优化服务策略，实现服务水平的不断提升。

（三）资源优化与服务升级

大数据技术为图书馆资源的优化提供了有力支持。通过对大规模数据的深入分析，图书馆能够更精准地了解馆藏资源的利用状况，从而进行有针对性的优化。

1. 馆藏资源优化

首先，大数据分析为图书馆提供了深刻了解不同资源受欢迎程度的能力。通过对借阅记录、资源点击率、使用频次等多维度数据的综合分析，图书馆能够全面洞察读者对不同资源的偏好和需求。这为图书馆提供了有力的数据支持，使其能够客观、准确地评估馆藏资源的受欢迎程度。

其次，大数据分析可用于调整馆藏，以提高资源利用率。通过识别受欢迎度高的资源，图书馆可以采取措施，如增加相似主题或内容的图书、扩展电子资源的访问权限等，以满足读者的需求。同时，对于不够利用的资源，图书馆可以考虑削减相应的收藏量，释放资源以用于其他更有需求的领域，实现馆藏的动态优化。

再次，大数据分析使得馆藏资源的优化更为精准。通过深度分析读者的行为数据，图书馆可以识别出受欢迎资源的具体特征，包括主题、作者、出版社等方面的特点。这使得图书馆能够更有针对性地选择和采购新的资源，以满足读者的更加精细化和个性化的需求。

最后，大数据分析为馆藏资源的动态调整提供了持续的监测和反馈机制。通过定期对馆藏数据的分析，图书馆可以实时了解资源利用情况的变化，并随时调整采购和剔除的策略。这种实时监测和反馈机制有助于图书馆保持对读者需求的敏感度，确保馆藏资源的持续优化。

2.服务水平提升

首先，大数据分析在评估服务效果方面具有独特的优势。通过收集和分析读者的服务反馈数据、使用数据以及其他相关指标，图书馆可以全面了解不同服务的实际效果。这种数据驱动的评估方法使得图书馆能够客观地判断服务的优劣，发现存在的问题，并根据数据做出有针对性的调整。

其次，大数据分析为图书馆提供了服务优化的具体方向。通过深入挖掘数据，图书馆可以了解读者对服务的真实感受、期望和需求。这种深度分析有助于图书馆更准确地把握读者的心理和行为特征，为服务的改进提供科学依据。

再次，大数据分析为服务问题的及时发现和解决提供了支持。通过实时监测服务数据，图书馆可以迅速察觉到服务中的问题，并及时采取纠正措施。这有助于防止服务质量下滑，保持服务水平的稳定和持续提升。

最后，大数据分析建立了服务评估的循环机制。通过不断收集、分析和应用数据,图书馆可以形成一个动态的服务优化循环。这种循环机制有助于图书馆更加灵活地应对不同阶段、不同服务的需求,实现服务水平的持续提升。

第三节　云计算与物联网在图书馆中的应用前景

一、云计算的作用

云计算是一种通过网络提供计算服务的模式,包括计算能力、存储服务、数据库服务等。它基于虚拟化技术,通过将计算资源整合在一起,形成一个统一的、可扩展的资源池,用户可以根据需求灵活地使用这些资源。在图书馆中,云计算被广泛应用,为数字化服务提供了强大的支持。

(一) 数字资源的存储与管理

首先,云计算作为一种强大的数字资源存储与管理工具,为图书馆提供了高度可靠和可扩展的存储解决方案。通过将数字化馆藏存储在云端,图书馆能够避免传统本地存储方式所面临的空间限制和设备依赖。云计算提供的弹性存储空间意味着图书馆可以根据需要动态扩展存储容量,确保能够有效地应对不断增长的数字资源需求。

其次,云计算的特性使得数字资源能够实现更广泛的共享和访问。通过云服务,读者可以随时随地访问图书馆的数字资源,不再受制于地理位置和特定设备。这为用户提供了更灵活的使用体验,使得数字资源的可用性大大提高。无论是在家中、办公室还是移动设备上,读者都能够便捷地获取所需的信息,推动图书馆服务的数字化和普惠化。

再次,云计算提供了先进的数据备份和恢复机制,确保数字资源的安全性和可靠性。传统的本地存储可能受到物理设备故障、灾难性事件等因素的影响，导致数据丢失或不可用。而云计算服务通常在多个地理位置备份数据，当一个数据中心发生问题时，系统能够快速切换到备用数据中心，保障数字资源的持续可用性。这为图书馆提供了更为稳健的数字资源管理基础。

最后，云计算在数字资源管理中具备强大的协作和分享功能。多用户协同编辑、在线共享、实时更新等特性使得图书馆工作人员能够更加高效地进行数字资源的编辑、整理和更新。同时，云计算也为图书馆与其他机构、合作伙伴之间的信息共享提供了便捷的途径，促进了数字资源的互联互通，实现了更广泛的知识传播。

（二）在线服务的扩展

云计算为图书馆提供了强大的计算能力，使得图书馆能够通过云端扩展在线服务。例如，图书馆可以通过云计算提供在线培训服务，实现虚拟学习环境，为读者提供更广泛的知识培训。

1. 云计算提供的强大计算能力

（1）数字资源的存储与管理

云计算允许图书馆将数字化馆藏存储在云端，提供高度可靠和可扩展的存储空间。这样，读者可以随时通过云服务访问图书馆的数字资源，不再受制于地理位置和设备限制，大大提高了资源的可用性和访问便捷性。

（2）在线服务的扩展

云计算为图书馆提供了强大的计算能力，使得图书馆能够通过云端扩展在线服务。例如，图书馆可以通过云计算提供在线培训服务，实现虚拟学习环境，为读者提供更广泛的知识培训。这种服务不仅节省了读者的时间，也为他们提供了更灵活的学习机会。

（3）虚拟展览等在线文化活动

云计算技术还支持图书馆举办虚拟展览等在线文化活动。通过将展览内容数字化，并借助云端资源的高效管理，图书馆能够为读者提供更加丰富的文化体验，使得文化传承和展览更加普及和便捷。

2.服务效率的提升

（1）云端培训服务

图书馆可以通过云计算提供在线培训服务，为用户提供更灵活的学习机会。通过云端学习平台，读者可以随时随地参与培训，不再受地理位置和时间限制。这提高了培训的灵活性，使得更多读者能够受益。

（2）虚拟展览与文化活动

云计算为图书馆开展虚拟展览提供了技术支持。通过数字化的展览内容和高效的云端管理，图书馆可以在虚拟空间中打造丰富多彩的文化活动。这不仅能够吸引更多读者参与，还能够推动文化的传播和推广。

（3）信息共享与合作

云计算促进了图书馆信息的共享与合作。不同图书馆可以通过云端平台共享资源、经验和知识，进而提高整个图书馆系统的效益。这种合作模式可以加速图书馆业务的创新，推动图书馆服务的进一步升级。

3.数据安全与可靠性的保障

（1）数字资源的安全性

云计算服务商通常提供高水平的安全措施，包括数据加密、身份验证等。这为图书馆数字资源的安全性提供了一定的保障，防范了潜在的信息泄露和攻击威胁。

（2）灾备与数据恢复

云计算允许图书馆将数据备份存储在云端，提高了数据的安全性。在发生灾害或数据损坏时，云计算服务商通常提供高效的数据恢复服务，确保了图书馆数据的完整性和可靠性。

（3）持续服务与技术更新

云计算服务商通常会提供持续的技术更新和维护服务。这保障了图书馆在使用云计算服务时能够得到及时的技术支持，确保系统始终运行在一个安全、高效的状态。

二、物联网在图书馆的潜在应用

物联网是通过网络连接各种设备，实现设备之间的信息共享与互动的技术系统。在图书馆中，物联网可以用于实现设备的智能化管理，通过互联互通的方式提升馆内设施的效率和智能化水平。

（一）智能图书柜

利用物联网技术，图书馆可以实现智能图书柜，使得图书的借还更加便捷。读者可以通过手机或图书卡与智能图书柜进行互动，完成自助借还书的操作，提高图书馆的服务效率。

1. 智能图书柜的基本概念与工作原理

（1）基本概念

智能图书柜是一种应用物联网技术的先进设备，用于图书馆图书的自助借还。它集成了感应器、电子标签、互联网通信等技术，通过与读者的手机或图书卡互动，实现自助借还书的操作。智能图书柜旨在提高借还书的便捷性和效率，减轻图书馆工作人员的负担。

（2）工作原理

智能图书柜通过物联网技术实现对图书的智能存取。每本图书配备有电子标签，读者在借书时通过手机或图书卡进行身份验证。系统识别读者身份后，智能图书柜会开启相应的储物格，读者将书籍放入储物格后，系统会自动识别图书信息并记录借阅记录。还书过程也类似，读者将书籍放入柜内的还书口，系统自动识别并更新图书的借阅状态。这种智能化的工作原理大大提高了图书馆借还书流程的自动化程度。

2. 提升图书馆服务效率与读者体验

（1）服务效率提升

智能图书柜的引入极大地提升了图书馆的服务效率。传统的人工借还书流程通常需要读者排队等候，而智能图书柜通过自助借还，使得读者无需等待，随时可进行操作。这不仅减少了读者的等待时间，也降低了图书馆工作人员的压力，使得整个借还书流程更为高效。

（2）读者体验优化

智能图书柜的使用简便且智能化，读者无需寻找工作人员，只需通过简单的操作即可完成借还书。这提高了读者的自主性和使用便捷性，为他们提供了更好的阅读体验。同时，通过物联网技术，智能图书柜可以实时更新图书馆馆藏信息，确保读者获取的信息是最新的，增进了读者对图书馆服务的信任感。

3. 技术挑战与未来发展趋势

（1）技术挑战

智能图书柜的引入虽然带来了很多便利，但也面临一些技术挑战。其中之一是安全性问题，需要确保系统的身份验证和数据传输过程安全可靠。此外，智能图书柜需要保持稳定的网络连接，以保证读者能够顺畅地进行借还书操作。

（2）未来发展趋势

随着物联网技术的不断发展，智能图书柜有望在未来迎来更多的创新。例如，结合人工智能技术，智能图书柜可以根据读者的阅读历史和兴趣，提供个性化的推荐服务。同时，智能图书柜也可以与其他智能设备结合，构建更智能、更便捷的图书馆服务体系。这些趋势将进一步提升图书馆服务的水平，推动图书馆向数字化和智能化方向发展。

（二）图书馆设备监控

物联网技术可以用于监控图书馆内的各类设备，如打印机、电脑、空调等。通过传感器的实时监测，图书馆管理员可以及时了解设备的运行状态，提前发现并解决潜在问题，确保设备的正常运转。

1. 智能设备监控系统的基本概念与组成

（1）基本概念

智能设备监控系统是一种基于物联网技术的设备监测系统，用于实时监测图书馆内各类设备的运行状态。这些设备包括但不限于打印机、电脑、空调等，系统通过传感器、嵌入式技术等手段获取设备运行数据，并通过云端或局域网传输到监控中心。

（2）系统组成

智能设备监控系统通常由传感器、数据传输模块、监控中心以及相关软件组成。传感器负责采集设备运行数据，数据传输模块将采集到的数据传输至监控中心，监控中心则负责数据的接收、处理和展示。相关软件用于实现对设备运行状态的远程监控、故障预警、维护管理等功能。

2. 实时监测与故障预警

（1）实时监测

通过智能设备监控系统，图书馆管理员可以实时监测设备的运行状态。传感器不断采集设备的各项数据，如温度、电流、功率等，管理员可以通过监控中心的界面实时查看设备的运行情况。这有助于管理员了解设备的工作性能，及时发现异常。

（2）故障预警

智能设备监控系统具备故障预警功能。系统可以通过事先设定的阈值，监测设备数据是否超出正常范围。一旦检测到异常，系统将自动发出预警，通知管理员进行处理。这种即时的故障预警机制有助于提前发现潜在问题，减少设备故障对图书馆正常运营的影响。

3. 数据分析与设备优化

（1）数据分析

智能设备监控系统通过收集大量设备运行数据，为管理员提供了丰富的信息。通过对这些数据进行分析，管理员可以了解设备的工作模式、耗能情况等，为设备的合理使用提供科学依据。数据分析还可以发现设备的潜在问题，为设备的维护提供指导。

（2）设备优化

基于数据分析的结果，管理员可以制定设备优化方案。这包括调整设备的工作时间、优化设备配置、提升设备的能效等。通过智能设备监控系统，图书馆能够更加智能地管理和使用设备，提高设备的整体运行效率，降低维护成本。

（三）环境监测

利用物联网传感器，图书馆可以实时监测馆内的环境数据，包括温度、湿度、光照等。通过这些数据，图书馆可以调整室内环境，提高读者的舒适度，同时保护馆藏书籍等物品。

1. 环境监测系统的构成与原理

（1）构成

环境监测系统主要由物联网传感器网络、数据采集与传输模块、数据处理单元和用户界面等组成。物联网传感器网络负责实时采集馆内环境数据，数据采集与传输模块将采集到的数据传输到数据处理单元，而数据处理单元通过算法对数据进行分析和处理。最终，通过用户界面，图书馆管理员可以直观地了解到馆内各项环境参数的实时情况。

（2）原理

物联网传感器通过感知馆内环境的温度、湿度、光照等参数，将采集到的数据通过网络传输到数据处理单元。数据处理单元根据预设的算法对这些数据进行实时分析，生成环境数据报告。管理员可以通过用户界面实时监测这些数据，系统还可以根据数据分析结果触发相应的控制设备，如自动调节温度、开启通风设备等。

2. 实时监测与数据分析

（1）实时监测

环境监测系统能够实时监测馆内的环境参数。通过物联网传感器的实时采集，管理员可以在用户界面上实时查看馆内的温度、湿度、光照等数据。这种实时监测有助于管理员及时发现环境异常，采取相应的措施。

（2）数据分析

系统通过对采集到的环境数据进行分析，生成历史数据、趋势图等报告。管理员可以通过这些报告了解馆内环境的变化规律，为调整图书馆的室内环境提供科学依据。例如，通过历史温湿度数据的分析，管理员可以更好地制定设备运行计划，提高能效。

3. 室内环境调控与保护措施

（1）室内环境调控

基于环境监测系统的数据分析，系统可以实现室内环境的智能调控。例如，当温度过高时，系统可以自动开启空调进行降温；湿度过大时，系统可启动除湿设备。这种智能调控有助于提升读者的舒适度，创造更适宜的学习环境。

（2）馆藏保护措施

环境监测系统还有助于馆内馆藏的保护。例如，对于特殊材质的书籍或文献，系统可以通过控制湿度和光照度，减少对纸质材料的损害。这样，不仅提高了馆内环境的品质，同时延长了馆藏物品的寿命。

第七章　数字化版权保护

第一节　数字化版权保护的重要性

一、版权保护的背景

（一）数字化时代的兴起

1. 数字化技术的广泛应用

首先，信息技术的迅猛发展催生了数字化技术的广泛应用。随着计算机技术、网络通信技术和数据存储技术的不断进步，数字化技术在各个领域得到了广泛的应用。这一趋势的首要原因在于数字化技术具备高效、可靠、灵活的特点，使得信息可以以数字形式进行表示、处理和传递。

其次，数字化技术的广泛应用使得传统媒体内容得以数字化呈现和存储。图书、音乐、影片等传统媒体通过数字化技术得到数字表达，进而可以在数字环境中传播、存储和展示。这一过程不仅使得文化娱乐形式得到了极大的丰富，也为这些内容的数字化管理提供了便捷的手段，推动了文化产业的数字化转型。

再次，数字媒体的产生为用户提供了更加便捷和个性化的文化享受方式。数字化技术使得用户可以通过互联网随时随地获取数字媒体内容，无论是阅读电子书、在线音乐还是观看数字影片。这种便捷的数字文化传播方式，极大地提升了用户体验，同时也促进了文化的全球传播。

此外，数字化技术的应用还改变了传统媒体产业的商业模式。数字化媒体的复制和传播成本相对较低，使得数字产品可以以更加灵活的形式提供给用户，例如通过订阅服务、数字下载等方式。这种商业模式的变革推动了传统媒体机构的数字化转型，提高了行业的竞争力。

最后，数字化技术的广泛应用也带来了一系列的挑战和问题。数字化内容的复制和传播便捷性使得知识产权的保护变得更加复杂，盗版和侵权问题日益突出。数字化技术的高度依赖也带来了信息安全和隐私保护的难题，需要在技术、法律等多个层面进行综合治理。

2. 数字平台的崛起

首先，互联网的普及催生了数字平台的崛起。随着互联网技术的不断发展，数字平台成了一个允许用户在线获取和分享多种媒体内容的重要场所。音乐、图书、电影等作品可以通过数字平台以数字形式传播，用户可以随时随地通过网络访问和享受这些内容。这种数字平台的崛起打破了传统媒体的时空限制，为用户提供了更为便捷和多样化的文化消费体验。

其次，数字平台改变了文化产业的传播模式。传统媒体通常需要通过实体载体，如纸质书籍、光盘等进行传播，而数字平台则使得媒体内容以数字形式在线传播。这种数字化的传播模式使得作品可以更迅速、广泛地传播到全球各地，加速了文化的全球化进程。同时，数字平台也为创作者提供了更为直接的内容发布通道，降低了传播门槛，促进了更多优秀作品的涌现。

再次，数字平台为用户提供了个性化和定制化的文化消费体验。通过数字平台，用户可以根据自己的兴趣和需求，选择喜欢的音乐、图书、电影等内容进行订阅或购买。数字平台通过算法分析用户的行为数据，为其推荐更符合个性口味的内容，实现了文化消费的个性化和定制化。这种个性化服务不仅提高了用户的满意度，也促进了数字平台的用户黏性和商业发展。

然而，数字平台的崛起也为版权保护带来了更为复杂的挑战。数字平台的便捷性和开放性使得内容易于被复制、传播，从而增加了版权侵权的风险。盗版、非法传播等问题成为数字平台面临的严峻挑战。保护知识产权、制定有效的法律法规、加强技术手段是解决版权问题的关键途径。

（二）版权侵权的普遍性

1. 盗版问题的突出

首先，数字化环境下盗版问题的突出表现在技术手段的高度便捷。数字作品可以轻松被复制、传播，而且在数字化的传播过程中，信息几乎可以无损地复制。不法分子通过各种技术手段，如破解数字版权保护、制作盗版软件等，轻松突破原创作品的保护措施，导致作品非法传播。这一现象对版权拥有者构成了巨大的经济损失，降低了创作者和文化产业从数字作品中获得的合法收益。

其次，互联网的全球性使得盗版问题更加严峻。数字环境下，盗版行为可以在全球范围内快速传播，使得一旦作品被盗版，其影响几乎无法遏制。盗版网站和论坛的存在使得盗版活动更容易组织和传播，对全球范围内的出版业、音乐产业等文化产业造成了极大的威胁。因此，解决盗版问题需要国际合作，共同制定和执行相关法规，形成全球性的打击盗版的力量。

再次，盗版问题对文化产业的威胁主要体现在损害了创作者和版权拥有者的合法权益。由于盗版行为的存在，创作者和版权拥有者的劳动成果未能得到应有的经济回报，这不仅减少了他们从文化产业中获得的收益，也降低了他们继续创作的积极性。长期以来，盗版问题一直困扰着文化产业的健康发展，阻碍了创意产业的繁荣。

最后，数字作品的快速更新和广泛传播使得盗版问题更加复杂。数字作品可以在短时间内通过互联网传播到世界各地，这使得盗版问题的管控变得更加困难。此外，数字作品的快速更新和不断涌现，使得盗版问题不仅存在于传统的图书、音乐领域，还涉及软件、游戏等多个领域。对于如何更有效地应对数字作品快速传播的盗版问题，需要采取综合的技术、法律和文化手段。

2. 非法下载与网络传播

首先，非法下载是数字化环境下版权侵权的突出表现之一。随着高速互联网的普及，用户可以方便快捷地通过各种渠道获取未经授权的数字作品。这种非法下载行为严重侵犯了创作者和版权拥有者的合法权益。从电影、音乐到图书，几乎所有类型的数字作品都可能成为非法下载的对象。此外，一旦数字作品被非法下载，就可以通过网络迅速传播，使得版权侵权问题变得更加普遍化和难以控制。

其次，网络传播加剧了数字作品的非法传播。通过各种在线平台和社交媒体，用户可以轻松分享下载的数字作品，使得未经授权的作品在网络上得以广泛传播。这种数字作品的迅速传播使得版权侵权的范围更为广泛，也为版权保护带来了更大的挑战。在数字化环境下，网络传播成为版权侵权问题的重要因素，需要采取更加创新和有效的手段来应对这一挑战。

再次，传统的版权保护手段在数字化环境下显得力不从心。数字作品的非法下载和传播具有匿名性、跨国性等特点，使得传统的监管手段和法规在应对这一问题时显得力不从心。数字环境下的版权保护需要结合技术手段，例如数字水印、数字版权管理（DRM）等技术，来加强对数字作品的追踪和保护。同时，法律体系也需要不断完善，以适应数字化环境下版权保护的新需求。

最后，数字作品的非法下载和网络传播给创作者和文化产业带来了巨大的经济损失。未经授权的数字作品的大规模传播降低了正版作品的销售，使得创作者和版权拥有者的合法收益受到侵害。这不仅对创作者的创作积极性和创新能力造成负面影响，也威胁到文化产业的可持续发展。因此，解决数字化环境下版权侵权问题需要全社会的共同努力，包括创作者、产业链各环节、法律体系等多方面的参与。

二、数字化环境下的挑战

（一）跨平台传播的难题

1. 平台多样性导致监控难度上升

首先，数字化环境下，作品在传播过程中不再受限于传统媒体，而是可以通过多种平台进行广泛传播。社交媒体、在线阅读平台、视频分享平台等各类数字平台为作品提供了更为多样化的传播途径。这种多样性使得作品能够更全面、更广泛地接触到不同的用户群体，极大地丰富了文化传播的形式和方式。

其次，由于不同平台的管理方式和用户群体存在巨大的差异，给版权监控带来了巨大的挑战。每个数字平台都有其独特的内容管理政策、用户行为规范，以及对版权侵权的处理机制。这使得版权保护者需要面对一个庞大、复杂的监管网络，需要针对不同平台的特点和规则进行监控和维权，增加了版权保护的复杂性和难度。而且，不同平台之间的差异性使得版权侵权行为更容易在监管之间流窜，增加了追溯和打击的难度。

再次，数字平台的快速更新和涌现也加大了监控的难度。随着技术的不断发展，新的数字平台和传播途径层出不穷，而这些平台往往采用先进的技术手段，使得传播途径更加隐蔽、难以追踪。这也意味着版权监控需要及时跟进新的技术和平台，保持对数字环境的深刻理解，以保持对版权侵权行为的有效监控。

最后，监控的难度还受到国际性因素的影响。数字平台的多样性和跨国传播使得涉及不同国家和地区的法规、政策差异成为一个复杂因素。在跨境数字传播中，版权保护者需要应对不同国家的法律制度、法律文化和司法实践，增加了版权监控的复杂性和不确定性。

2. 用户自由获取与传播

首先，互联网的普及和数字化环境的形成用户提供了自由获取和传播数字内容的便利途径。用户通过在线平台、社交媒体、博客等多样化的渠道，可以随时随地获取和分享数字内容。这种自由获取和传播的特点极大地促进了信息的流通，使得文化和知识的传播更加广泛和迅速。

其次，这种自由获取和传播的模式挑战了传统版权监管的模式。传统上，版权监管主要集中在出版商、电影公司等有限的传统媒体渠道上。然而，在数字环境中，用户可以通过互联网自主上传、下载、转发各类数字内容，使得版权监管不再仅限于少数媒体机构，而需考虑到更广泛的网络环境。这对版权保护提出了更高的要求，需要在尊重用户自由获取和传播的同时，确保版权拥有者的权益得到有效维护。

再次，用户自由获取和传播数字内容的特征使得版权保护面临更为复杂的法律和伦理挑战。在数字环境中，内容的上传和分享变得相对容易，而传统的法律框架可能无法迅速适应这一变化。涉及知识产权、言论自由、隐私权等多个法律领域的问题，需要在保护版权的同时平衡用户的合法权益，建立更为灵活的法律体系。

最后，用户自由获取和传播数字内容也提高了版权保护的技术难度。由于用户可以通过匿名、加密等技术手段进行内容的传播，传统的技术监管手段可能不再适用。这要求版权保护者和技术专业人员在维护版权的同时，不断创新和提升技术手段，以适应数字环境中日新月异的技术挑战。

（二）技术手段的快速更新

1. 数字水印的绕过

首先，随着技术的快速发展，数字水印这种版权保护技术逐渐暴露出其局限性。数字水印通常是通过在数字内容中嵌入不可察觉的信息，以识别和追踪特定的数字作品。然而，不法分子借助先进的技术手段，如图像处理算法、音频编辑工具等，能够对数字水印进行修改或消除，从而使得数字内容在经过篡改后仍难以被检测到。

其次，数字水印绕过的问题使得版权保护的实施变得更加复杂和困难。传统上，数字水印被认为是一种有效的技术手段，用于保护数字作品免受盗版和侵权行为。然而，技术的快速进步和不法分子的逐渐提升的技术水平使得数字水印在一些情况下失去了原有的威慑作用。这导致了版权保护者需要不断更新和改进技术手段，以适应数字环境中不断变化的挑战。

再次，数字水印绕过的现象使得行业内对于更为先进、复杂的版权保护技术的需求增加。由于数字水印在一些情况下无法提供足够的安全性，行业开始探索和研发更为先进的技术手段，如基于区块链的数字版权管理、内容加密技术等。这些新技术旨在提供更为可靠和不易绕过的版权保护方案，以更好地保护创作者的权益。

最后，数字水印绕过问题也凸显了法律和监管在版权保护中的重要性。技术手段虽然可以提供一定程度的保护，但法律体系的完善和有效执行同样是确保版权得到保护的关键。国际上一些国家和地区在加强数字版权法律框架、建立更为严格的监管机制方面取得了一些进展，以打击数字盗版和侵权行为，保障数字内容创作者的权益。

2. 破解软件的威胁

首先，破解软件的广泛使用对数字版权技术构成直接威胁。这类软件的主要功能是绕过数字版权保护措施，使得未经授权的数字内容能够在互联网上大规模传播。这种现象直接损害了创作者的利益，对数字版权保护形成了实质性的挑战。

其次，破解软件的威胁性体现在其对数字版权技术的成功破解和规遍性应用。这些软件可以通过各种手段，如破解数字水印、解密加密算法等，绕过原有的版权保护技术，让数字内容在不受任何限制的情况下传播。由于这些软件能够快速适应新的数字版权技术，版权保护者难以及时跟进和应对，使得数字版权保护变得更加复杂和困难。

再次，破解软件的威胁加速了技术手段的演进。为了应对不断涌现的破解软件，数字版权技术的研发者需要不断改进和加强原有的保护措施。这种技术的较量导致了一个技术更新的循环，版权保护者必须紧跟科技发展的步伐，及时调整和升级数字版权保护策略。

最后，破解软件的出现凸显了法律和监管的重要性。面对数字版权的破解行为，法律体系的健全和有效执行显得尤为重要。一些国家和地区通过制定更为严格的数字版权法律、建立健全的监管机制，试图遏制破解软件的使用，保障数字内容创作者的权益。

第二节　加强数字化版权保护的措施

一、监测与防范手段

（一）数字水印技术的应用

1. 嵌入唯一标识符

首先，嵌入唯一标识符的数字水印技术为数字作品提供了一种高效的版权保护手段。通过在数字作品中嵌入唯一的标识符，数字水印能够实现对作品的唯一性标记。这一标记不仅可以包含版权信息，还能包括创作者的相关信息，如姓名、创作时间等。这种独特的标识符为版权拥有者提供了一种有效的追踪手段，使得数字作品在传播过程中能够被准确地归属到原始的创作者和版权拥有者。

其次，数字水印技术的应用有效地防止了数字作品的非法传播。由于每个数字作品都嵌入了唯一的标识符，一旦发现有未经授权的传播行为，版权拥有者可以通过数字水印进行溯源，快速确认侵权行为。这使得非法传播者难以逃脱法律责任，有效地减缓了盗版和侵权行为的蔓延，为数字作品的合法传播提供了更为可靠的环境。

再次，数字水印技术的高度隐蔽性是其独特之处。数字水印可以以不可察觉的方式嵌入到数字作品中，不影响作品的正常观感和体验。这种隐蔽性保证了数字水印不容易被非法传播者发现和删除，从而增加了技术性的阻碍，为版权保护提供了更为稳固的基础。

最后，数字水印技术的广泛应用使得侵权行为更容易被监测和证实。数字水印不仅可以在传统的数字媒体作品中应用，还可以扩展到各种形式的数字内容，如图像、音频、视频等。这为版权拥有者提供了更全面的保护范围，确保他们的数字作品在各个领域都能够得到有效的保护。

2. 物理和数字结合的多层次水印技术

首先，物理和数字结合的多层次水印技术为版权保护提供了更为全面的保障。在这种技术中，数字水印与物理水印相结合，形成多层次的保护手段。数字水印通常嵌入在数字作品的文件信息中，而物理水印则可以通过在实体载体上引入特殊的物理特征，如微小的图案、纹理或标记等，将保护扩展到实体层面。这种多层次的结合使得对作品的保护更加全面，不仅可以防范数字环境下的盗版行为，还能够在实体载体上提供额外的保护。

其次，物理和数字结合的多层次水印技术增加了对盗版者的技术性挑战。盗版者通常会尝试绕过数字水印的检测，但物理水印的引入增加了技术难度。物理水印通常需要专业设备才能检测到，而且盗版者在物理层面上的篡改可能破坏作品的原始性。因此，这种技术组合使得盗版者更难以逾越保护手段，提高了数字水印技术的实用性和安全性。

再次，物理和数字结合的多层次水印技术为不同形式的作品提供了更为灵活的保护策略。不同类型的作品可能有不同的载体，例如纸质书籍、音频 CD、艺术品等，而这些作品在传统数字水印技术中难以实现全面的保护。通过引入物理水印，可以针对不同的载体选择合适的保护手段，从而提供更为灵活的保护策略，确保作品在不同环境中都能够得到有效的保护。

最后，物理和数字结合的多层次水印技术为版权拥有者提供了更多的技术选择。根据具体的需求和作品特点，版权拥有者可以灵活地选择数字水印和物理水印的组合方式。这种多元化的选择有助于提高版权保护的适用性和实效性，使得不同领域的版权保护更具针对性。

（二）反盗版软件的引入

1. 实时监测系统

首先，实时检测系统在反盗版软件中具有极高的实用性。这一系统通过不断地监测网络上的作品，实时地捕捉侵权行为。监测的实时性使得侵权行为无处遁形，即便是短时间内的盗版行为也能被及时发现。这为版权拥有者提供了有力的保护手段，使其能够更加迅速和精准地应对侵权行为。

其次，实时监测系统对于侵权行为的警报和防范措施起到了关键作用。一旦系统发现有作品被非法传播或使用，它能够立即发出警报，通知版权拥有者有关侵权行为的具体情况。这种即时的警报机制帮助版权拥有者在最短的时间内了解侵权情况，有针对性地采取应对措施，例如向相关平台提出侵权投诉、追求法律救济等。同时，实时监测系统还可以通过防范措施，如数字版权管理（DRM）技术，限制或阻止侵权行为的继续发生，从而有效保护作品的权益。

再次，实时监测系统有助于降低侵权行为的发生概率。盗版者往往会寻找机会在网络上非法传播作品，而实时监测系统的存在形成了一种强力的威慑机制。盗版者在得知有实时监测系统的情况下，更容易被察觉和追溯，因此可能会放弃侵权行为，以免触发系统的监测。这种威慑效应有助于维护数字作品的合法权益，促使网络环境更加公正和规范。

最后，实时监测系统的数据分析功能为版权拥有者提供了更深入的洞察。通过对监测数据的分析，版权拥有者可以了解侵权行为的模式、受众特征等信息，为制定更有针对性的反侵权策略提供参考。这种数据驱动的分析有助于不断优化检测系统，提高其对新型侵权手段的应对能力。

2. 主动阻断和追踪

首先，主动阻断和追踪是反盗版软件中的重要功能之一。通过实时监测，一旦软件发现有盗版行为，它能够立即采取主动阻断措施，封锁非法传播渠道。这种主动性的防范机制有助于迅速切断侵权行为的传播途径，遏制盗版现象。这对于版权拥有者来说，意味着能够更加迅速、有力地制止侵权行为，保护数字作品的合法权益。

其次，主动阻断和追踪对于打击盗版犯罪具有一定的威慑效应。一旦盗版者意识到存在主动追踪的可能性，他们可能会更加谨慎和畏惧，减少侵权行为的发生。这种威慑效应有助于维护数字版权的正常秩序，使网络环境更加公正合规。

再次主动追踪可以为版权拥有者提供侵权者的身份信息。通过收集关键数据，如 IP 地址、上传者信息等，软件可以协助版权拥有者追踪侵权者的真实身份。这为后续的法律行动提供了有力的证据，有助于维权和追究法律责任。这种主动追踪功能使得侵权者难以逃避法律的制裁，为数字版权保护提供了更为全面的手段。

最后，主动阻断和追踪是数字版权保护体系中的一项关键技术。通过在软件中引入主动性的阻断和追踪功能，能够更好地应对盗版行为的多样性和复杂性。这种全面性的反制手段使得软件能够更有效地应对不断演变的侵权手段，为数字作品提供更为全面和主动的保护。

二、法规合规与合作策略

（一）建立健全的法规框架

1. 法律责任明晰化

首先，法律责任的明晰化对于数字版权保护至关重要。通过建立健全的法规框架，国家和地区能够明确数字作品的合法使用范围，明确侵权行为的法律定义，以及规定违法行为的法律责任。这为数字版权的保护提供了有力的法律基础，使版权拥有者能够更加明确、有效地维护其合法权益。

其次，法规的制定有助于规范数字环境中的行为。在数字化环境下，信息传播更为迅速、广泛，因此需要更为明确和细化的法规来规范各方行为。通过法规，可以规定数字作品的使用标准、侵权行为的认定标准，从而为数字环境的秩序维护提供明确的法律依据。

再次，法律责任的明晰化有助于降低侵权行为的发生率。明确的法律责任可以对侵权者进行有效的惩罚和追究，起到威慑作用。合理的法规制度不仅能够保护版权拥有者的权益，也能够教育和引导用户在数字环境中更加自觉地遵守法律规定，减少违法行为。

最后，法规的明晰化有助于推动数字产业的发展。在一个法规清晰、制度健全的环境中，数字创作者和企业更容易投入创作、创新，因为他们知道法律会为他们的努力提供充分的保护。这有助于推动数字创意产业的繁荣，促进数字经济的健康发展。

2. 强化执法手段

首先，强化执法手段是确保数字版权保护法规有效实施的关键一环。在建立健全法规框架的同时，国家需要加强相关执法机构的培训和技术投入，以适应数字化环境下版权保护的新形势。这包括对执法人员的数字技术培训，使其能够更好地理解和应对数字版权侵权行为，提高执法效能。

其次，技术投入和升级也是强化执法手段的重要一环。随着数字技术的迅速发展，侵权行为的形式不断演变，执法机构需要保持对最新技术的了解，并及时更新和升级执法工具。投入先进的数字取证技术、网络监测技术等，有助于提高执法机构对侵权行为的侦查和打击能力。

再次，建立高效的司法审判流程对于数字版权保护至关重要。在数字环境下，信息传播迅速，侵权行为可能在短时间内造成巨大损失。因此，需要建立迅速响应、公正裁决的司法审判机制，确保侵权案件能够得到及时处理，为版权拥有者提供有效的司法保护。

最后，强化执法手段还需要加强国际合作。在数字化环境下，侵权行为可能跨越国界，需要国际社群的协作与合作。通过建立国际执法合作机制、信息共享平台等，可以加强国际执法机构之间的合作，形成联合打击侵权的合力。

（二）加强国际合作

1. 跨国合作协议

首先，跨国合作协议在数字化版权保护领域扮演着至关重要的角色。由于数字化环境具有全球性，各国应加强国际合作，共同应对数字化版权保护所面临的挑战。建立跨国合作的法规和协议有助于形成统一的国际标准和规则，促进信息、技术和法律的共享，从而形成全球范围内的合力，共同打击跨境侵权行为。

其次，跨国合作协议有助于加强国际合作的框架。通过制定协议，各国可以明确合作的范围、内容和方式，建立起更加完善和可持续的国际合作体系。这种合作体系有助于各国更加有序地开展信息共享、技术合作和法律协调，形成对数字化版权保护的协同作战。

再次，跨国合作协议能够推动国际社会共同制定适用于全球范围的数字版权保护标准。通过协议的制定，各国能够就数字版权的法律定义、侵权行为的认定、违法行为的法律责任等方面进行协商和达成一致，形成统一的标准，减少法律差异带来的困扰，提高数字版权保护的一致性和有效性。

最后，跨国合作协议为各国打击跨境侵权行为提供了更为有力的法律依据。通过协议，各国可以在执法、司法等方面进行更加紧密的合作，协同努力打击跨境侵权活动。协议的存在使得侵权者无法通过跨境行为逃避法律责任，降低了侵权行为的发生率，维护了数字版权的合法权益。

2.国际组织的参与

首先，国际组织在数字版权保护领域的参与是推动全球标准化的关键。通过积极参与国际组织，各国能够在一个开放、合作的平台上共同研究和制定适用于全球的数字版权保护标准和规则。这有助于协调各国在数字版权保护方面的立法和政策，推动全球数字版权保护体系的发展。

其次，国际组织提供了一个信息共享和协作的平台。在这个平台上，各国可以分享本国在数字版权保护方面的经验、挑战和最佳实践，从而共同面对全球范围内的版权保护问题。这种信息的共享有助于各国更全面地了解数字版权保护的复杂性，推动全球数字版权保护的不断完善。

再次，国际组织能够促进技术和资源的跨国合作。在数字化环境下，技术的发展和资源的跨国流动使得版权保护越来越成为全球性的挑战。国际组织通过促进技术创新的合作和跨国资源的共享，有助于各国更好地利用先进技术来加强数字版权保护。

最后，国际组织的参与为全球数字版权保护提供了更为有效的支持。通过形成全球一致的标准和规则，国际组织能够为各国提供一个共同的法律框架，使得数字版权保护在国际范围内更具可操作性和可行性。这种全球一致性有助于各国更加有力地应对跨国侵权行为，保护数字创作者的权益。

（三）建立多方参与的合作机制

1.信息共享机制

首先，信息共享机制在数字化版权保护中扮演着关键的角色。通过建立多方参与的合作机制，各利益相关方，包括版权拥有者、数字平台提供商、政府监管机构等，能够实现信息的及时共享。这种信息共享不仅有助于迅速识别和应对侵权行为，还促进了更高效的合作关系。

其次，信息共享机制有助于加强版权拥有者的维权能力。通过及时获取侵权信息，版权拥有者能够更迅速地采取法律行动，保护其作品的合法权益。此外，信息共享还能帮助版权拥有者更好地了解侵权行为的模式和趋势，从而更有针对性地制定防范策略。

再次，信息共享机制可以促进技术创新和研发。数字平台提供商和技术公司通过共享技术研发成果，可以共同推动数字版权保护技术的进步。这种合作有助于发现和弥补现有技术的不足，提高数字版权保护系统的整体水平。

最后，信息共享机制有助于政府监管机构更加全面地了解数字版权领域的情况。政府通过获取各方共享的信息，能够更及时、准确地了解数字平台的运营状况、侵权情况等。这为政府监管提供了更为科学、全面的依据，有助于更有针对性地进行监管和执法。

2. 跨界联动合作

（1）跨界联动合作在数字版权保护领域具有重要意义

首先，建立更加紧密的跨界联动机制。在数字版权保护领域，各方利益相关者的积极参与至关重要。首先，需要建立起数字平台提供商、版权拥有者和政府监管机构之间的紧密沟通机制。这可以通过定期召开联席会议、建立联络办公室等方式来实现。通过有效的沟通机制，各方能够分享最新的数字版权保护技术、法律法动态和实际案例，形成共识，为联动合作奠定基础。

其次，建立信息共享平台，实现实时数据传递。数字版权保护需要依赖大量的数据支持，包括侵权监测数据、版权登记信息、法规变动等。为了更加迅速、准确地响应数字侵权行为，可以建立一个信息共享平台，让各方及时分享相关数据。通过实时数据传递，可以提高版权拥有者和监管机构对侵权行为的感知能力，采取更加迅速的反制措施。

再次，加强跨界培训，提高相关从业人员的专业水平。数字版权保护涉及技术、法律等多个领域，各方需要拥有一定的专业知识。通过跨界培训计划，可以让数字平台提供商了解版权法规和保护技术，让版权拥有者更好地理解数字平台的运作机制，让监管机构具备更强的技术监管能力。这种培训不仅提高了各方的专业水平，还有助于打破各领域之间的信息壁垒，促使更好地合作。

最后，制定共同的行业准则和标准。为了在数字版权保护领域形成更为规范的合作机制，各方可以共同制定行业准则和标准。这包括侵权行为的定义、处罚机制、数据隐私保护等方面的规定。制定共同的标准有助于形成统一的合作方向，减少因不同理解和期望而产生的摩擦。这需要各方通过协商，充分考虑各自的利益和关切，形成可执行的共识。

（2）数字平台提供商在跨界联动中扮演着关键角色

首先，数字平台提供商在跨界联动中扮演着关键角色，其责任在于积极响应版权拥有者的需求。这包括建立更为紧密的沟通机制，以确保及时获取版权拥有者的关切和反馈。通过定期的会议、联合工作组等形式，数字平台提供商能够更深入地了解版权方的需求，及时调整平台政策和技术手段，以更好地保护数字版权。

其次，数字平台提供商需要采取有效的技术手段和管理措施，确保平台上传播的内容符合版权法规。这包括引入先进的数字水印技术、内容识别算法等，以识别和防范侵权行为。通过建立强大的内容审核系统，数字平台可以在上传和分享阶段及时拦截违法侵权内容，为版权拥有者提供更为安全的数字环境。

再次，数字平台提供商与版权拥有者的合作不仅仅是单向的需求响应，更需要共同制定并执行更为严格的数字版权保护措施。通过共同制定行业准则和标准，数字平台提供商与版权拥有者可以形成更加规范的合作机制。这些准则可以涵盖侵权行为的定义、处罚机制、合法授权的审核流程等，为联动合作提供具体可操作的指引。

最后，数字平台提供商应该通过技术手段降低侵权行为的发生概率。这可以通过实施更为智能的内容过滤系统，加强用户行为监测，以及建立强大的数字版权维权团队等方式实现。数字平台提供商可以利用大数据分析，识别并阻止潜在的侵权行为，从而降低版权拥有者面临的风险。

（3）政府监管机构在跨界联动中发挥着监管和法律支持的关键作用

首先，政府监管机构在跨界联动中发挥着监管和法律支持的关键作用。其职责之一是通过建立更为健全的法规框架，明确数字版权保护的法律责任。这包括对数字平台提供商、版权拥有者等各方的权责关系进行详细规定，以确保各方在数字版权领域的行为符合法律法规。政府监管机构可以通过不断完善法规、修订法律条文等方式，为跨界合作提供更为清晰和可操作的法律基础，促使各方更加主动地参与数字版权保护。

其次，政府监管机构在跨界联动中的作用还在于协调各方资源，促进各利益相关方之间的有效合作。政府监管机构可以作为中立的协调者，促使数字平台提供商、版权拥有者等各方共同参与数字版权保护。通过组织定期的行业研讨会、跨界合作峰会等，政府监管机构能够推动各方就共同关心的问题达成一致，形成合力。此外，政府监管机构还可以借助政策引导、经济激励等手段，推动各方合作，共同维护数字版权的合法权益。

再次，政府监管机构可以在跨界联动中发挥对纠纷解决的支持作用。当数字平台提供商和版权拥有者之间发生纠纷时，政府监管机构可以提供中立的仲裁和调解服务，帮助各方达成和解，减少纠纷的升级。此外，政府监管机构还可以建立更为高效的法律程序，加速数字版权纠纷的解决，提高法律途径的实用性。

最后，政府监管机构需要积极推动国际的跨界合作。数字版权保护问题涉及多国多方的利益，需要更为广泛的合作。政府监管机构可以在国际层面与其他国家的监管机构进行交流与合作，共同探讨数字版权保护的最佳实践，制定国际标准和准则，为全球数字版权保护建设做出贡献。

（4）跨界联动合作需要建立多方参与的数字版权保护合作机制

首先，建立多方参与的数字版权保护合作机制是跨界联动合作的基础。

该机制的构建需要明确各方的参与主体，包括数字平台提供商、版权拥有者、政府监管机构等，确保所有利益相关方都有机会参与并发挥各自的优势。通过建立数字版权保护的联合工作组织或委员会，不同领域的专业人士可以齐聚一堂，共同商讨和推动数字版权保护的相关工作。这一机制旨在形成协同作战的团队，使得跨界联动更加有序和高效。

其次，定期的合作会议是机制运作的重要环节。通过定期召开合作会议，各方能够分享最新的行业动态、技术发展、法规变化等信息，增进彼此的了解。这种信息共享的机制有助于各方更加全面地把握数字版权保护的现状和未来趋势，为合作提供更为准确的基础。会议还可以提供一个讨论问题、解决矛盾的平台，促进各方就共同关心的问题形成一致看法，推动数字版权保护事业向前发展。

再次，建立信息共享平台是数字版权保护合作机制的一项重要举措。通过共享平台，各方可以将自己领域的专业知识、技术经验、案例研究等信息进行及时、高效的交流。这有助于不同领域之间的协同作战，避免信息孤岛的形成，提高合作效率。共享平台可以包括在线论坛、专业数据库、行业报告等多种形式，以满足不同合作需求。

最后，建立多方参与的数字版权保护合作机制需要制定清晰的合作框架和协议。这包括明确各方的责任和权利，建立合作的工作流程和决策机制。通过合作框架的规范性，各方可以更加明确自己在合作中的角色，避免合作过程中的不确定性和纠纷。此外，合作机制还需要规定合作的时间周期、目标和评估指标，以确保合作的目标明确、可衡量，实现数字版权保护的良性循环。

第八章　结论与展望

第一节　研究结论

一、数字时代公共图书馆的变革

（一）数字化转型的不可避免趋势

1.时代挑战与数字化转型的紧密联系

数字时代对公共图书馆提出了前所未有的挑战，涉及服务、管理、资源开发等多个方面。在这一时代大背景下，数字化转型成为图书馆迎接挑战、保持活力的不可避免趋势。

（1）服务形式的改变

随着数字技术的迅速发展，读者对于图书馆服务形式的期望也在不断演变。传统的纸质阅览方式逐渐无法满足多元化的需求，读者更倾向于数字化服务，如在线阅读、远程检索等。数字化转型迫在眉睫，使得图书馆不仅需要提供传统服务，还需积极拓展数字服务领域。

（2）管理的数字化改革

传统的图书馆管理方式在数字时代显得相对滞后。数字化转型意味着图书馆管理需要从传统的手工管理逐渐过渡到数字化、自动化的模式。这包括图书馆资源的数字化整理、信息系统的优化升级、数据分析等方面的全面改革，以提高管理效率和服务质量。

（3）资源开发的多元化需求

数字时代，图书馆需要更积极地开发多元化的数字资源。这不仅包括电子图书、期刊等数字化文献资源，还包括数字化展览、虚拟实境等新兴数字资源。数字化转型要求图书馆具备更强大的数字资源整合和开发能力，以满足读者对于丰富多样知识形式的需求。

2. 数字化转型的全面改革

数字化转型不仅是服务形式的简单改变，更是图书馆在管理和资源开发等多个方面进行的全面改革。

（1）服务形式的创新

数字化转型要求图书馆创新服务形式，将传统服务与数字服务相结合。例如，引入虚拟现实技术，使得读者能够在数字环境中进行沉浸式阅读体验；推出在线图书馆活动，提供网络参与的机会，拓展服务领域。

（2）管理体系的数字化升级

全面数字化转型需要图书馆对管理体系进行数字化升级。这包括引入先进的信息管理系统，实现资源的智能化分类和检索；采用大数据分析技术，更好地理解读者需求，提高服务的个性化水平。

（3）数字资源的开发与整合

数字时代图书馆不仅需要积极开发各类数字资源，还要具备整合这些资源的能力。建设数字化资源库，实现不同类型数字资源的集中存储和高效利用，是数字化转型中至关重要的一环。

3. 数字化转型的成功实践

数字化转型成功的实践经验成为其他图书馆学习的范本。在数字服务方面，一些图书馆通过推出移动端应用、建设在线社群，成功地拓展了服务领域。管理体系的数字化升级方面，引入先进的图书馆管理系统，极大提高了资源管理的效率。数字资源的开发与整合方面，通过与数字平台合作、推动资源共享，使得各类数字资源得以充分利用。

（二）开放性、互动性、智能化的关键特点

数字时代的公共图书馆呈现出开放性、互动性和智能化等关键特点。这意味着图书馆不再是传统的闭塞空间，而是与读者更为亲密互动的开放平台。智能化技术的应用使得服务更加个性化和高效，为图书馆提供了创新和发展的新机遇。

1. 开放性的重要性与实践

（1）背景与定义

开放性是数字时代公共图书馆的一项关键特点。传统图书馆常常被认为是封闭的知识存储空间，而数字时代的公共图书馆通过开放性的理念，打破了这种封闭，成为更具包容性和开放性的知识平台。开放性体现在对读者、合作伙伴以及创新思想的开放态度。

（2）实践案例

具体实践中，图书馆可以通过开设开放式图书馆空间，鼓励读者自由访问并进行学习。例如，设立自助图书借还区域，开设自由学习区域，使图书馆真正成为一个开放的学习和交流场所。同时，数字平台的建设也是开放性实践的重要组成部分，通过在线资源共享、社交媒体互动等方式，拓展了图书馆的开放性。

2. 互动性的深化与提升

（1）概念阐释

互动性是数字时代公共图书馆的另一显著特点。传统图书馆主要以读者被动接收信息为主，而互动性强调读者与图书馆、与其他读者之间的积极互动。这种双向性的互动不仅仅是信息的传递，更包括读者参与决策、共同建构知识的过程。

（2）实践案例

实现互动性可以通过推出在线读者反馈系统、组织读者沙龙、开展在线问答等方式。图书馆还可以通过社交媒体平台积极与读者互动，分享图书馆动态、征集意见建议，使得读者不再是被动的知识接受者，而是图书馆发展的参与者。

3. 智能化的服务升级与创新

（1）智能化服务的基础

智能化是数字时代公共图书馆提升服务水平的关键特点。通过引入先进的技术，如人工智能、大数据分析等，图书馆能够实现更智能、个性化的服务。智能化服务不仅提高了服务效率，还丰富了读者体验。

（2）实践案例

图书馆可以引入智能化图书推荐系统，根据读者的阅读历史和兴趣，为其推荐个性化的图书。智能化的图书馆管理系统能够更高效地管理馆藏，实现数字资源的精准检索。通过智能化技术，图书馆还能提供在线答疑服务、个性化的学习路径规划等创新服务。

二、数字化资源管理的关键问题

（一）数字化资源的核心地位

1. 背景与定义

数字化资源在数字时代的公共图书馆中扮演着核心资产的重要角色。这些资源包括电子图书、数字期刊、在线数据库等，为图书馆提供了丰富的信息内容，推动了图书馆服务的数字化转型。其核心地位体现在数字时代图书馆的发展战略中，对于提高知识传播效率和服务质量至关重要。

（1）数字化资源的核心地位

首先，数字化资源在数字时代的公共图书馆中扮演着不可替代的核心角色。随着信息技术的飞速发展，传统的纸质图书逐渐被数字化资源所取代。电子图书、数字期刊、在线数据库等数字化资源具有更广泛的获取途径和更灵活的使用方式，为读者提供了更为便利和高效的信息获取渠道。

其次，数字化资源的核心地位还体现在其对图书馆服务的数字化转型中的重要性。数字化资源的引入推动了图书馆服务模式的全面升级。通过数字化手段，图书馆能够实现信息资源的在线检索、远程访问、多媒体展示等功能，大大提高了服务的效率和便捷性。

（2）数字化资源的重要作用

首先，数字化资源丰富了图书馆的信息内容。传统图书馆的纸质馆藏受到了空间和数量的限制，而数字化资源则可以汇聚全球各地的信息，为读者提供更为广泛、多样的知识内容。电子图书的引入使得读者可以随时随地获取所需信息，不再受制于实体馆藏的限制。

其次，数字化资源提高了知识传播的效率。通过数字化手段，图书馆能够将信息资源以更快速、更广泛的方式传播给读者。在线数据库、数字期刊的建设和维护，使得学术研究和知识传播不再受到地域和时间的限制，加速了信息的流动和共享。

再次，数字化资源促进了图书馆服务的个性化和定制化。数字化时代，图书馆可以根据读者的需求和兴趣，通过智能推荐系统为其提供个性化的数字化资源推荐。这种定制化的服务模式更好地满足了不同读者群体的需求，提高了服务的针对性和用户满意度。

最后，数字化资源的引入提高了图书馆的管理效率。数字化资源的存储、检索和管理更加便捷，大大减轻了图书馆工作人员的负担。通过数字化手段，图书馆能够更好地进行馆藏管理、读者数据分析等工作，提高了运营效率和管理水平。

2.战略地位的体现

数字化资源不仅是图书馆藏品的重要组成部分，更是数字时代图书馆实现开放性、互动性和智能化的基石。通过数字化资源，图书馆能够实现信息的多元化传播，满足读者对于不同领域知识的需求，进一步巩固了图书馆在知识传播领域的领导地位。

（1）数字化资源在图书馆战略地位的体现

首先，数字化资源作为图书馆藏品的重要组成部分，进一步丰富了图书馆的知识体系。传统图书馆以纸质图书为主，受到了空间和数量的限制，难以涵盖全面的知识领域。而数字化资源的引入使得图书馆能够整合全球范围内的电子图书、数字期刊、在线数据库等丰富的数字内容，极大地拓展了图书馆的知识边界，使其成为知识的聚集地。

其次，数字化资源为图书馆实现开放性提供了重要支持。通过数字化手段，图书馆能够实现对信息的开放获取，使得读者可以随时随地通过网络平台获取所需知识。数字化资源的开放性传播使得图书馆不再受制于实体空间和时间的限制，真正实现了知识的自由流动和开放共享。

再次，数字化资源为图书馆实现互动性提供了平台。传统图书馆的服务主要以图书借阅和参考咨询为主，互动性相对较低。而数字化资源的引入使得图书馆能够通过在线平台与读者进行更为紧密的互动。例如，通过社交媒体、在线评论等方式，读者可以更直接地与图书馆、其他读者进行知识交流，形成更加开放、共享的学术社区。

最后，数字化资源支持图书馆实现智能化服务。通过智能化系统，图书馆可以根据读者的阅读历史、兴趣偏好等信息，为其推荐个性化的数字化资源。智能化服务不仅提高了服务的精准性，也为读者提供了更为智能、高效的信息获取体验。

（2）数字化资源对图书馆战略目标的贡献

首先，数字化资源提高了图书馆的知识传播效率。通过数字化资源，图书馆能够实现信息的快速检索、在线访问，大大提高了知识传播的效率。读者不再需要在实体馆内查找资料，而是可以通过电子平台迅速获取所需信息，节省了大量时间。

其次，数字化资源拓展了图书馆的服务领域。传统图书馆主要以文献馆藏和阅览服务为主，服务范围相对有限。而数字化资源的引入使得图书馆的服务不仅限于图书，还包括电子图书、数据库、在线课程等多种形式，满足了读者多元化的知识需求。

再次，数字化资源提升了图书馆的社会影响力。通过数字化平台，图书馆能够与更广泛的读者群体进行互动，促进知识的共享和交流。数字化资源的社会化传播使得图书馆不仅在学术界，更在社会中发挥着重要的知识传播和文化交流的作用。

最后，数字化资源推动了图书馆的数字化转型。数字化资源的引入促使图书馆逐步实现了从传统图书馆到数字图书馆的转变。这种数字化转型不仅包括技术层面的改变，更涉及服务模式、管理体制等多个方面的全面升级。

（二）挑战与应对策略

1. 版权保护的重要性

首先，版权保护在数字化资源管理中占据首要地位。数字化技术的普及使得数字内容的复制和传播变得异常容易，而这也加剧了版权侵权的风险。在数字化资源管理中，确保知识产权的合法权益是维护创作者、版权拥有者利益的基本前提。因此，图书馆需要高度重视版权保护工作，制定全面有效的策略和措施，以确保数字化资源的合法使用。

其次，版权保护关系到数字化资源的可持续发展。数字化资源的创建和维护需要投入大量的人力、物力和财力，而这些投入往往是基于对数字内容的合法拥有和使用。如果数字化资源频繁遭受侵权，将严重损害创作者和版权拥有者的创作积极性，也将影响图书馆数字化服务的稳健运行。因此，版权保护直接关系到数字化资源的可持续性和健康发展。

最后，版权保护与法律规定密不可分。在数字化环境下，各国都有相关的法律法规来规范数字内容的使用和保护版权。图书馆必须遵守相关法规，确保数字化资源的使用符合法律规定，从而保护图书馆和用户的合法权益。因此，版权保护也是图书馆履行法定责任的一项重要内容。

2. 信息安全的挑战

数字化资源的管理还面临着信息安全的威胁。由于图书馆存储了大量用户信息和数字化内容，需要建立完善的信息安全体系，防范黑客攻击、数据泄露等风险，确保读者和图书馆的信息安全。

（1）信息安全在数字化资源管理中的首要地位

首先，信息安全在数字化资源管理中具有首要地位。随着数字化技术的广泛应用，图书馆存储了大量的用户信息、数字化内容和管理数据。这些信息资产对于图书馆的正常运行和数字化服务的开展至关重要。因此，确保信息的保密性、完整性和可用性成为图书馆数字化资源管理的首要任务。

其次，信息安全关系到读者和图书馆的合法权益。读者的个人隐私信息、数字化资源的版权信息等都需要受到妥善保护，以免遭受黑客攻击、数据泄露等威胁。图书馆在数字化服务中的合法权益，包括数字化资源的安全获取、存储、传输等也需要得到保障。

最后，信息安全与图书馆的声誉和社会责任紧密相连。图书馆是一个公共服务机构，其信誉和社会责任在信息安全方面尤为重要。一旦发生用户信息泄露、数字化资源被篡改等安全问题，将对图书馆的声誉造成严重损害，同时也会影响公众对图书馆的信任和使用意愿。

（2）建立完善的信息安全体系

首先，进行全面的风险评估。图书馆应该对数字化资源管理中可能面临的各种信息安全风险进行全面评估。包括黑客攻击、恶意软件感染、数据泄露等各类威胁，通过全面的风险评估，为建立信息安全体系提供科学依据。

其次，建立健全的信息安全政策和规程。图书馆需要明确信息安全的政策和规程，包括用户隐私保护、数字化资源存储和传输的安全措施等。这些政策和规程需要细化到具体操作层面，确保每个环节都得到有效的管理和监控。

再次，加强技术手段的应用。通过引入先进的安全技术，如防火墙、入侵检测系统、数据加密等，加强对数字化资源的安全防护。采用最新的安全技术能够更好地应对不断演变的网络安全威胁。

最后，强化员工的信息安全意识。图书馆工作人员需要具备一定的信息安全意识，了解信息安全政策和规程，掌握基本的信息安全知识，提高对潜在风险的敏感度。定期组织信息安全培训，确保员工能够正确处理数字化资源并防范信息安全风险。

（3）数字化资源管理中的信息安全挑战

首先，随着技术的发展，黑客攻击手段不断升级。网络空间中存在着各种各样的黑客攻击手段，包括恶意软件、网络钓鱼、勒索软件等，这些攻击威胁着数字化资源的安全。图书馆需要不断更新和强化安全防护手段，以适应不断演变的黑客攻击。

其次，用户隐私保护面临更加严峻的挑战。随着数字化服务的深入，图书馆收集了大量用户信息，包括个人身份、阅读历史等。如何保障用户隐私成为一个迫切的问题。图书馆需要制定隐私保护政策，明确哪些信息需要收集、如何使用，并采取有效的措施加密和保护用户个人信息，防止不法分子的攻击和滥用。

再次，数字化资源的多样性和复杂性增加了信息安全的管理难度。数字化资源包括电子图书、数字期刊、在线数据库等多种形式，而且涉及不同的技术平台和服务模式。多样性增加了信息安全的管理难度，图书馆需要在不同类型的数字化资源上制定差异化的信息安全策略，增强管理的精准性和有效性。

最后，社会工程学攻击对图书馆信息安全构成威胁。社会工程学攻击是通过欺骗手段获取信息的一种攻击方式，例如钓鱼邮件、虚假网站等。对于图书馆而言，社会工程学攻击可能以伪装成合法用户、图书馆工作人员的形式，以获取用户账号、密码等信息。因此，除了技术手段，图书馆还需要加强用户教育，提高用户对社会工程学攻击的警惕性。

3. 应对策略

（1）建设开放获取库

通过建设开放获取库，图书馆可以合理利用公共领域的数字资源，降低版权纠纷的风险，同时提供更多免费获取的数字资源。

（2）推动资源共享

与其他图书馆、机构建立资源共享机制，通过互借、合作购买等方式，充分发挥各方资源优势，提升数字化资源的丰富度。

（三）**数字化资源的整合与利用**

1. **整合的重要性**

在数字时代，图书馆需要将分散在不同平台的数字化资源进行整合，形成一个统一而丰富的知识体系。这样的整合不仅提高了资源的可访问性，还为读者提供了更为便捷的服务。

2. 推动资源利用的战略建议

（1）数字化资源平台建设

建设一个综合的数字化资源平台，集成各类数字内容，提供统一的检索和访问接口，方便读者查找和利用相关资源。

（2）数字资源培训与推广

针对读者和图书馆工作人员开展数字资源的培训，提高其利用数字化资源的能力，同时通过推广活动提高读者对数字资源的认知度。

三、读者服务与管理的数字化转型

（一）**多元化需求的挑战**

1. **数字时代读者需求的多元化趋势**

首先，随着数字时代的崛起，读者对信息获取的途径日益多元化。传统的印刷媒体逐渐让位于数字化的阅读方式，如电子书、在线期刊等。这使得读者能够更方便地获取各类信息，无论是学术研究还是娱乐阅读。因此，公共图书馆需要通过数字化手段提供更广泛的阅读资源，以满足读者对多样化信息的渴求。

其次，个性化需求成为数字时代读者关注的焦点。传统图书馆的图书分类和服务模式往往较为固定，难以满足读者个性化的阅读需求。数字时代的读者更加注重个性化体验，期望获取符合自身兴趣和需求的定制化服务。公共图书馆可以通过引入智能推荐系统、个性化阅读建议等手段，为读者提供更贴近其兴趣爱好的阅读体验。

再次，数字时代读者对阅读体验的便捷性提出更高要求。传统图书借阅服务可能存在借还书烦琐、等待时间过长等问题，这与现代社会追求高效便捷的生活方式相悖。公共图书馆在数字化转型过程中，可以通过引入自助借还书系统、在线预约等技术手段，提升服务效率，让读者更轻松地获取所需阅读材料。

最后，数字时代的读者更加注重与社群互动和分享阅读体验。传统图书馆往往以独立的阅读场所为主，缺乏互动和社交氛围。在数字时代，公共图书馆可以通过建设在线社区、举办线上读书会等方式，促进读者之间的交流与分享，创造更具社交性的阅读环境。这不仅能够满足读者对社交的需求，还能够促进知识共享和学术合作。

2. 数字化转型的关键作用

首先，数字化转型的关键作用在于实现对读者需求的深度理解。通过引入数据分析、人工智能等先进技术，图书馆能够收集并分析大量的用户数据，从而深入了解不同群体的阅读偏好、兴趣爱好以及信息获取的习惯。这种深度理解为图书馆提供了有力的基础，使其能够更准确地把握读者需求的变化趋势，有针对性地调整服务策略。

其次，数字化转型能够实现图书馆服务的个性化定制。通过数据分析和智能算法，图书馆可以为每位读者提供定制化的阅读推荐，确保他们能够更容易地找到符合自身兴趣和需求的图书资源。这种个性化的服务不仅提高了读者的满意度，还能够促使更多人积极利用图书馆资源，从而推动知识传播和社会文化的进步。

再次，数字化转型有助于提升图书馆服务的效率和便捷性。通过引入自动化流程、在线借还书系统等数字化工具，图书馆能够简化烦琐的办事流程，减少人为错误和等待时间，提高服务效率。这种便捷性不仅符合现代社会对高效服务的期望，也使得读者更愿意选择图书馆作为信息获取的首选渠道。

最后，数字化转型有助于构建图书馆与读者之间更为紧密的互动关系。通过建立在线社区、推出数字化阅读活动等手段，图书馆能够与读者保持更加频繁和直接的沟通，了解他们的反馈和建议。这种互动关系不仅有助于图书馆更好地迎合读者的期望，还能够促进图书馆与社会其他组织、机构之间的合作，实现知识资源的共享和交流。

（二）关键举措与成功案例

1. 推出移动端应用的有效途径

首先，建立移动端应用的有效途径是确保用户界面友好且功能齐全。在设计移动应用时，应注重用户体验，确保应用的界面简洁清晰、易于导航。同时，保证应用具备基本的图书检索、借阅、归还、续借等核心功能，以满足读者基本的需求。通过用户反馈和测试，及时调整和优化应用，以提高用户满意度和使用体验。

其次，移动端应用的成功推出需要与现有的图书馆系统有机整合。与图书馆管理系统的紧密衔接可以确保移动应用能够准确反映图书馆的实时信息，如图书馆藏、借阅记录等。这种整合不仅提供了用户可靠的数据支持，也确保了移动应用与图书馆整体运作的协调性。这需要在技术上的精准对接和系统的无缝衔接。

再次，采用先进的技术手段增强移动应用的功能。例如，引入智能搜索、推荐算法等技术，使用户能够更快速、准确地找到所需图书。同时，可以结合定位技术，提供基于地理位置的个性化服务，例如附近图书馆的活动、特色馆藏等。这样的创新能够吸引更多读者，增加他们使用移动应用的频率和黏性。

最后，推出移动端应用的成功途径之一是积极开展宣传和推广。通过各种渠道，如图书馆网站、社交媒体、线下宣传等，向读者宣传移动应用的特色和优势，激发他们的兴趣。同时，提供一定的奖励机制，鼓励读者下载并使用应用，例如通过积分兑换、特权活动等方式。这样的推广策略不仅能够提高应用的知名度，还能够促使更多读者参与其中，从而实现移动应用的广泛普及。

2. 实施个性化推荐服务的成功案例

首先，一个引人注目的成功案例是美国公共图书馆协会（ALA）推出的"BookMatch"个性化推荐服务。该服务于近年来在许多美国公共图书馆得到广泛应用。"BookMatch"通过要求读者填写一份详细的兴趣调查问卷，涵盖了读者的阅读偏好、主题偏好、喜欢的作者等方面的信息。图书馆工作人员根据这些数据为每位读者定制个性化的书单，包括图书、期刊、电子资源等。这种精细的个性化服务不仅提高了读者的满意度，也增加了他们对图书馆资源的深度利用。这个案例表明，通过积极引导读者参与个性化推荐服务，图书馆可以更准确地了解读者的兴趣，为其提供更符合需求的阅读建议。

其次，谷歌学术是一个在学术领域成功实施个性化推荐服务的典型例子。谷歌学术通过分析用户的搜索历史、学术论文点击记录以及用户的学术领域偏好，为用户推荐相关度更高的学术文章。这种推荐系统的成功在于其对大规模学术数据的深度挖掘和对用户兴趣的准确把握。图书馆可以从谷歌学术的成功经验中学到，通过分析读者的学科领域、检索历史，提供更为个性化的学术资源推荐服务，满足不同读者的学术需求。

再次，中国的知网（CNKI）也成功实施了个性化推荐服务。CNKI 通过分析用户的浏览、下载历史，以及其在知网上的学术活动，为用户提供个性化的学术资源推荐。此外，知网还利用社交化的手段，让用户关注学术领域的专业人士，获取他们的推荐和评价。这种结合了社交元素的个性化推荐服务，更好地满足了用户对学术信息的个性化需求。图书馆可以从 CNKI 的成功案例中学习，通过引入社交化元素，促进读者之间的互动，提高个性化推荐服务的社会性和互动性。

（三）数字化服务的未来发展

1. 智能化服务模式的前景

首先，智能化服务模式的前景体现在更高效的信息检索和推荐系统上。未来的图书馆可以通过整合先进的自然语言处理技术和机器学习算法，实现更智能、更精准的文献检索。用户可以通过自然语言提问的方式获取所需信息，而智能搜索引擎将能够理解用户的查询意图，并以更智能的方式呈现相关文献、图书等资源。这不仅提高了用户检索信息的效率，也减轻了用户在信息查找过程中可能面临的困扰。

其次，智能问答系统的发展将为图书馆提供更为便捷的服务。借助自然语言处理和深度学习技术，未来的图书馆可以实现更具交互性的智能问答系统。读者可以通过语音或文字提出问题，系统能够理解问题的语境并给予相应的答案。这种智能问答系统不仅可以提供即时的解答，还有助于解决读者在阅读过程中遇到的疑问，提高了图书馆服务的及时性和个性化。

再次，智能化服务将促进更全面的读者参与和互动。未来的图书馆可以通过个性化推荐系统，根据读者的兴趣和阅读历史，为其提供更符合口味的图书、期刊和其他资源。同时，图书馆还可以通过智能化的社交互动功能，使读者能够分享阅读体验、评价图书，并与其他读者进行交流。这种互动性将加强图书馆与读者之间的联系，形成更为紧密的社群，促进知识共享和合作。

最后，智能化服务模式将提高图书馆管理的效率。图书馆可以利用人工智能技术对图书馆资源进行智能化管理，包括自动化的馆藏整理、智能化的借还书管理等。这不仅能够减轻图书馆工作人员的负担，还能够提高资源利用效率，使图书馆更好地满足读者需求。

2. 更广泛的合作策略

首先，建立与其他文化机构的合作是图书馆实现服务多样化的关键一环。与博物馆、艺术馆、文化中心等文化机构的合作，可以丰富图书馆的文化活动和展览项目。例如，与博物馆合作举办主题展览，或者与文化中心共同组织文学讲座和艺术表演。这样的合作不仅能够拓展读者的文化体验，也为图书馆打造更具吸引力的活动提供了机会。

其次，与教育机构的紧密合作是提高图书馆学术价值的有效途径。与中小学、大学等教育机构建立合作关系，可以促进图书馆与学术界的交流与合作。通过共同举办学术讲座、研讨会，推动学术资源的共享和交流。此外，可以与学校图书馆合作，共同采购和管理数字化图书资源，提升图书馆的学术影响力。这样的合作关系有助于构建更为丰富的学术环境，为读者提供更深层次的学术支持。

再次，图书馆可以加强与科技企业的战略合作，充分利用先进技术推动数字化转型。与科技企业建立合作关系，可以获得先进的数字化技术支持，如人工智能、大数据分析等。通过引入这些技术，图书馆可以实现更智能的信息服务、个性化推荐等创新型服务。此外，与科技企业的合作还可以促进数字化资源的开发，如数字图书、在线学习平台等，以更好地满足读者在数字时代的学习和阅读需求。

最后，建立与社区组织的合作关系，能够更好地服务当地社区。与社区组织、社会团体的合作，可以使图书馆更好地了解社区的需求和文化特点。共同开展社区活动、文化节庆，促进社区居民的参与感和认同感。此外，可以与社区学校、社会服务机构合作，提供有针对性的教育支持和社会服务。这样的合作关系有助于图书馆更好地融入社会，发挥其在社会建设中的积极作用。

第二节 研究局限与不足

一、有限的样本选择

（一）案例分析的代表性

首先，对于样本的选择，应首先考虑覆盖不同规模的公共图书馆。例如，可以选择大城市的中央图书馆、中等规模城市的区域图书馆，以及小型城镇的社区图书馆。这样的选择可以反映出不同规模图书馆在服务模式、读者需求和资源配置方面的差异，有助于获取更全面的案例信息。

其次，地理位置也是一个重要的考虑因素。选择来自不同地理区域的公共图书馆，可以考察地方文化对图书馆服务的影响，以及地区差异对馆藏、活动策划等方面的影响。例如，城市和农村地区的公共图书馆可能面临不同的挑战和机遇，地理位置的差异会对其服务模式和读者需求产生显著影响。

再次，应考虑服务模式的多样性。选择既包括传统服务模式的公共图书馆，也包括在数字化转型方面取得成功的图书馆。这样的选择可以帮助分析不同服务模式对读者满意度和图书馆效能的影响，以及数字化转型对公共图书馆的挑战和机遇。

最后，应关注不同样本之间的共同点和差异。通过深入分析每个样本的案例，探讨它们在资源配置、社区互动、数字化转型等方面的共通之处以及特殊之处。这样的比较分析可以提供深刻的见解，帮助理解不同公共图书馆之间的共性和个性，为未来公共图书馆的发展提供有益的经验教训。

（二）专家访谈的深度与广度

首先，专家访谈的深度应确保覆盖到数字化转型的关键领域。选择那些在图书馆学、信息科学、数字化技术等领域具有深厚知识和经验的专家，以确保他们能够提供关于数字化转型战略、技术实施、信息管理等方面的深入见解。这有助于深度理解公共图书馆在数字化转型过程中面临的挑战、解决方案以及未来发展的方向。

其次，专家的广度是指在涵盖的领域和经验上具有多样性。除了图书馆学和信息科学领域的专家，还应考虑包括数字技术、社会科学、管理学、用户体验设计等多个领域的专家。这样的选择可以确保专家团队能够从不同角度综合考虑数字化转型的多个方面，例如技术实施、用户体验、社会文化影响等。

再次，专家访谈的深度也需要关注专家在实际项目中的经验。选取那些曾经参与或领导过公共图书馆数字化转型项目的专家，以获取实践经验和实际操作的见解。这有助于确保专家的观点基于实际应用，能够提供更切实可行的建议和指导。

最后，为了确保专家团队的深度和广度，可以采用多种专家访谈方法，包括面对面的深度访谈、小组讨论、在线问卷等。这样的多样化方法可以更全面地收集专家的意见和建议，有助于在数字化转型方面获取更全面的见解。

（三）研究结论的普适性

首先，样本选择的局限性是任何研究中都需要直面的问题。在公共图书馆数字化转型的研究中，尽管我们努力选择了具有多样性的样本，涵盖了不同规模、地理位置、服务模式的图书馆，但仍然存在未考虑到的变量和因素。这些未考虑到的因素可能影响研究结论的泛化能力，因此需要在结论中明确指出这一点。

其次，研究者在得出结论时应该强调研究结果的特定背景和条件。不同的公共图书馆可能面临独特的挑战和机遇，数字化转型的成功因素可能因地域、文化、社会经济状况等因素而异。因此，在结论中需要强调研究结果的特定情境，并指出这些结论可能在其他情境中的适用性存在限制。

再次，研究者应该警惕避免过于激进的推广结论。尽管通过深入案例研究获得的见解可能在特定情境中非常有价值，但在推广到其他图书馆或其他社会文化背景时，需要更为审慎。在结论部分，可以强调研究结果的限定条件，以减少对于其他情境泛化的不适当推断。

最后，建议在结论中提出未来研究方向和进一步验证的建议。明确指出当前研究的局限性，并提出未来研究可以探索的方向，有助于填补当前研究的不足之处。例如，可以提出对于不同地域、不同规模图书馆的更广泛样本的研究，以验证当前研究的结论是否在更广泛范围内具有普适性。

二、时间跨度较短

（一）变革趋势的局部性

1. 时间跨度的挑战

首先，研究中时间跨度相对较短的挑战在于，无法全面观察到数字时代公共图书馆变革的长期趋势。由于数字化转型是一个渐进的过程，其影响和效果可能需要较长时间才能在实际运行中显现。在短期内进行观察和分析，可能会导致对于变革的全面理解存在一定的局部性，无法捕捉到一些潜在的、长期的影响。

其次，短期内的观察可能无法充分考虑到数字时代变革的复杂性和深层次的影响。数字时代的变革不仅仅是技术工具的引入，还涉及组织结构、文化氛围、服务模式等多个层面的调整和变化。在短期内的观察和数据收集难以捕捉到这些深层次的变革，从而使得对于数字时代公共图书馆变革的理解可能偏向表面和局部。

再次，由于时间跨度的限制，研究者可能无法观察到数字时代变革中的阶段性变化和演进。数字化转型是一个漫长而复杂的过程，其发展可能经历多个阶段，每个阶段都有独有的特征和挑战。在短期内的观察难以全面理解这些阶段性的演进，从而可能影响对变革的深入把握。

最后，短期内的观察可能无法准确评估数字时代变革对公共图书馆可持续发展的影响。可持续性是长期发展的重要因素，数字化转型的成功与否与公共图书馆在未来的可持续性密切相关。由于短期内的观察难以捕捉到长期效果，可能无法全面评估变革对公共图书馆未来可持续性的影响。

2. 局部性趋势的体现

首先，局部性趋势在短期内的观察中主要体现在对于数字时代公共图书馆变革的快速反应短时间内的观察容易受到瞬时因素的影响，例如某一技术工具的突然引入、某一领域的快速发展等，这可能导致研究者过度关注短期内的变化，而忽略了变革的渐进性和长期性。在结论中呈现的变革趋势可能更多地反映了这些瞬时因素的影响，而未能全面考虑到长期发展趋势。

其次，数字时代公共图书馆变革的局部性趋势还表现在对于个别图书馆或地区特定实践的强调在短时间内的观察中，研究者可能更容易关注某些个别图书馆或地区在数字化转型方面的成功经验或特殊情境，而忽略了其他图书馆或地区的差异性。这种局部性的观察可能导致结论过于强调某些特定实践的适用性，而忽略了变革的整体复杂性。

再次，局部性趋势可能体现在对于某一方面变革的过度关注在短时间内，研究者可能更倾向于关注某一特定方面的变革，如技术工具的应用、数字化资源的建设等，而未能全面考虑到变革对于图书馆整体生态系统的影响。结论中呈现的变革趋势可能更加偏向于某一方面，而未能全面展示数字时代变革的综合效果。

最后，局部性趋势在于对于变革影响因素的片面性考虑。短时间内的观察难以全面考虑到数字时代变革的多因素影响，如技术因素、组织文化、人员培训等。结论中可能更容易受到某一方面因素的影响，而未能全面把握变革的多维度影响。

（二）未来研究方向的建议

1. 采用更长时间跨度的研究设计

首先，采用更长时间跨度的研究设计将使得研究者能够更全面地揭示数字时代公共图书馆变革的长期发展趋势。这种设计能够超越短期内的观察，使研究者能够更好地捕捉到变革的渐进性和演进过程。通过延长观察时间，研究者可以更好地理解数字时代公共图书馆变革在不同时间点的阶段性特征，以及这些阶段之间的关联和发展轨迹。

其次，长期的研究设计可以通过跨年度的案例分析来实现。这种方法可以选择一些具有代表性的公共图书馆，对其在一系列年度内的数字化转型过程进行深入分析。通过跨年度的观察，研究者可以更好地捕捉到变革的长期趋势，了解在不同时间点发生的关键事件、制定的策略以及取得的成果。这种案例分析方法有助于建立对数字时代公共图书馆变革长期发展的深刻认识。

再次，历史数据的追溯也是一个有效的方法，可以帮助研究者了解数字时代公共图书馆变革的演进轨迹。通过收集和分析过去的数据，研究者可以揭示数字化转型的起源、发展过程以及各个时期的变革动因。这种追溯历史数据的方法可以为当前数字时代公共图书馆变革提供更为深刻的背景和前因，有助于更好地理解其长期趋势。

最后，长期研究设计可以包括对多个时期的定性和定量数据的收集，以更全面地评估数字时代公共图书馆变革的效果。这涵盖了对各个时期的服务模式、读者需求、数字技术应用等方面的定性深度研究，同时也需要对数字时代公共图书馆的各项指标进行长期的定量追踪。通过这样的综合方法，研究者可以更全面地了解数字时代公共图书馆变革的多方面影响和长期效果。

2. 多维度数据的收集

首先，采用更多维度的数据收集是为了更全面地理解数字时代公共图书馆变革的动态变化过程。在未来的研究中，可以首先通过建立多层次的数据收集框架，考虑到不同时间点、不同阶段的变革过程。这包括对数字时代公共图书馆在数字化转型的初期、中期和后期的数据收集，以便全面了解变革的发展轨迹和阶段性特征。

其次，采用不同维度的数据收集可以涵盖多个方面的变革影响因素。除了关注技术应用和数字化资源建设外，还应考虑组织文化的变化、人员培训的实施、服务模式的调整等多方面的因素。这可以通过在不同时间点和阶段收集相关数据，深入挖掘数字时代公共图书馆变革对组织结构、文化氛围、人员素质等多个层面的影响。

再次，对读者需求和行为的多维度数据收集也是未来研究的重点。随着数字时代的发展，读者的需求和行为方式可能发生多方面的变化。通过收集不同时间点的读者使用数据、借阅数据、搜索数据等，可以更好地了解读者在数字时代公共图书馆中的实际需求和行为特征。这有助于图书馆更精准地满足读者的个性化需求。

最后，多维度的数据收集应该结合定性和定量研究方法，以更好地理解数字时代公共图书馆变革的背后机制。定性数据可以通过深度访谈、焦点小组讨论等方式获取，以揭示变革的背后的意义、挑战和成功因素。通过与定量数据结合，可以在更全面的层面上理解变革的动态过程，同时获取更为具体的数据支持。

三、专家访谈的主观性

（一）专家观点的客观性问题

1. 主观性的挑战

首先，专家访谈在研究中的首要挑战是专家观点的主观性。在进行专家访谈时，研究者面临的第一个问题就是专家可能受到个人经验和观点倾向等因素的影响，从而使得其提供的观点具有一定的主观性。专家的主观性可能来源于其个人经历、专业取向、研究方向等方面，这些因素可能导致专家对数字时代公共图书馆变革的看法偏向于特定的角度或理论取向。

其次，专家的主观性可能受到其所处的环境和背景的影响。不同的专家可能在不同的组织、地域、文化环境中工作，这些环境和背景可能对其看法和观点产生重要影响。例如，一个专家可能在一个先进的数字化转型的图书馆工作，而另一个专家可能在一个数字化程度较低的图书馆工作，这样的差异可能导致两位专家对数字时代公共图书馆变革的评价存在差异。

再次，专家访谈的主观性还可能受到研究者提问方式的影响。研究者的提问方式可能引导专家在回答问题时表达特定的观点，从而影响研究结果的客观性。例如，如果研究者的问题偏向某一方面，可能会引导专家在回答时更加强调这一方面的观点，而忽略其他可能的观点。

最后，专家访谈的主观性还可能受到专家自身的主观意愿的影响。有些专家可能希望在研究中表达特定的观点，以支持其个人或组织的立场。这种主观意愿可能导致专家在访谈中更加倾向于表达特定的观点，而不是客观、中立地提供信息。

2. 方法综合的优化策略

首先，方法综合的优化策略可以通过结合定量研究和定性研究方法，以不同的方式获取关于数字时代公共图书馆变革的信息。定量研究可以提供大量的统计数据，包括数字化转型的指标、使用率、用户满意度等，这些数据可以用于量化评估变革的影响。同时，定性研究方法，如深度访谈、焦点小组等，可以获取专家的主观看法和经验，提供更为深入的理解和解释。通过结合这两种方法，可以在一定程度上规避专家主观性的影响，使研究更具全面性和说服力。

其次，采用方法综合的优化策略还可以通过多角度、多维度的数据收集和分析，提高对数字时代公共图书馆变革的理解深度。除了专家访谈和定量数据外，还可以考虑收集其他类型的数据，如用户反馈、社交媒体评论、文献分析等，以获取更全面、多元的信息。通过多维度的数据收集，研究者可以更全面地把握数字时代公共图书馆变革的多方面影响，减少对于某一方面的过度侧重，提高研究结论的客观性和可信度。

再次，方法综合的优化策略可以通过交叉验证的方法，将不同来源的数据进行比对，以增加研究结果的可靠性。例如，可以将专家观点与实际案例数据、用户调查结果等进行比对，验证不同数据来源的一致性。这样的交叉验证可以帮助排除因专家主观性而引起的偏见，增强研究结论的客观性。

最后，方法综合的优化策略也需要在研究设计中注重平衡，确保定量和定性方法的有机结合，以充分发挥各种方法的优势。在整个研究过程中，需要进行有效的数据整合和分析，以形成全面、一致的结论。这需要研究者具备跨学科的能力，能够有效整合不同类型的数据，并提炼出更为全面和客观的研究结论。

（二）未来研究方法的优化

1. 多样化专家样本

首先，为了减轻专家主观性对研究结论的潜在影响，采用多样化的专家样本是一种有效的策略。在未来的研究中，首先需要在专家组成中引入来自不同背景的专家，包括但不限于不同学科领域、不同行业、不同地域和文化背景的专家。这样的多样性可以确保在专家团队中涵盖更广泛的专业知识和经验，避免过于集中于某一领域的观点，从而提高研究结论的广泛适用性。

其次，多样化的专家样本应该考虑到不同职业层级和经验水平的专家。招募既包括资深专业人士，具有丰富经验和深度见解的专家，也包括新进入领域的年轻专业人士，他们可能带来新颖的观点和对于数字时代公共图书馆变革的新理解。通过引入不同层次的专家，可以更全面地考察变革的多维度影响，从而使研究结论更加丰富和具体。

再次，多样化的专家样本应该关注性别、文化等方面的差异。在构建专家团队时，需要着重考虑性别平等、跨文化背景的代表性。这有助于确保研究结果不会受到特定社会群体的主导，提高研究结论的普适性和可信度。通过关注这些多元化因素，研究者可以更好地反映数字时代公共图书馆变革对不同社会群体的影响。

最后，多样化的专家样本还应该包括不同派别和观点的专家。在数字时代公共图书馆变革涉及的问题众多，涵盖技术、文化、教育等多个方面。因此，专家团队中应包括不同派别和观点的专家，既有技术专家，也有文化学者、教育专家等。这有助于避免狭隘的视角，促使专家团队更全面地讨论数字时代公共图书馆变革的复杂性和多元性。

2. 认知偏倚的控制

首先，为了控制认知偏倚，在专家访谈过程中首先需要明确研究问题。明确定义研究的目标、范围和关注点，有助于专家在访谈中更加专注于研究的核心问题，减少无关因素的干扰。通过确切地研究问题，可以引导专家在回答时更加客观、系统地提供信息，降低认知偏倚的可能性。

其次，提供清晰的定义是控制认知偏倚的重要手段之一。在专家访谈中，研究者应该提供清晰、明确的定义，以确保专家对于研究关键概念的理解是一致的。模糊的定义可能导致专家在回答问题时产生不同的理解，从而引入认知偏倚。通过明确定义，可以降低概念理解上的差异，使访谈结果更具一致性和客观性。

再次，采用结构化的访谈指南是控制认知偏倚的有效途径。结构化的访谈指南包含事先设计好的问题和主题，可以确保在访谈过程中覆盖研究的各个方面。这有助于避免专家在回答问题时偏向于某一方面，减少认知偏倚的可能性。通过按照结构化的指南进行访谈，可以保持访谈的一致性，使得不同专家之间的回答更容易比较，提高访谈的客观性。

最后，引入多元化的观点和反馈也是控制认知偏倚的策略之一。在专家访谈中，可以邀请多位专家、代表不同领域和观点的人士参与，以获取更广泛的意见。通过引入多元化的观点，可以在某种程度上平衡认知偏倚，确保研究结果更具普适性。此外，及时收集和反馈专家访谈的结果，让专家了解其他专家的观点，也有助于降低认知偏倚。

第三节　未来研究展望

一、深入研究数字化资源管理的前沿问题

（一）区块链技术的应用

1. 区块链技术的概述

首先，区块链技术的本质是一种去中心化的数据库技术。与传统的中心化数据库不同，区块链数据库分布在网络的多个节点上，每个节点都有权参与数据验证和交易确认。这种去中心化的结构使得区块链系统更加鲁棒和安全，因为没有单一的控制点，不易被攻击或篡改。区块链通过共识算法确保了数据的一致性，使得整个系统在没有中心化管理的情况下能够正常运作。

其次，区块链通过链式结构的方式存储数据。每个新的数据块包含了前一个数据块的信息和一个时间戳，形成了一个不断增长的链式结构。这种设计使得区块链不仅能够保证数据的安全性，防止数据篡改，还能够提供透明的数据历史记录。任何人都可以查看链上的所有交易记录，确保数据的可追溯性和公开性。

再次，区块链技术以智能合约为特色。智能合约是一种以代码形式编写的合约，它们能够自动执行和实施合约条款。在图书馆领域，智能合约

可以用于自动化图书借还流程、管理数字版权和访问控制等。通过智能合约，图书馆可以提供更高效、透明和自动化的服务，减少人为干预和操作成本。

最后，区块链技术在数字化资源管理领域有望带来革命性的变化。在图书馆中，它可以应用于数字版权管理、文献溯源、数字资源交易等方面。例如，通过区块链技术，图书馆可以建立一个去中心化的数字版权管理系统，确保数字作品的权益得到保护，同时实现更加便捷和公正的版权交易。此外，区块链还可以用于建立图书馆资源的分布式数据库，提高数据的存储和访问效率。

2. 区块链在数字资源版权保护中的作用

首先，区块链技术在数字资源版权保护中的首要作用在于实现不可篡改的版权溯源。通过将数字资源的版权信息记录在区块链上，每一次版权交易、许可或使用都会形成一个新的数据块，与前一块链接形成连续的链式结构。由于区块链的去中心化和分布式特性，任何尝试篡改版权信息的行为都会受到全网节点的验证和拒绝。这确保了版权信息的不可篡改性，为数字资源提供了可靠的溯源机制。

其次，区块链技术为版权信息提供了更高水平的安全性。传统的数字资源管理系统可能受到黑客攻击或内部滥用的威胁，导致版权信息泄露或篡改。而区块链通过其强大的加密算法和分布式存储，极大地提高了版权信息的安全性。即使部分节点受到攻击，整个系统仍然能够保持稳定运行，确保版权信息不被破坏或窃取。

再次，区块链技术加强了数字资源的透明性。所有参与区块链网络的节点都能够查看和验证链上的版权信息，确保了信息的透明性和公开性。这为版权所有者、使用者以及监管机构提供了更为清晰和直观的视图，减少了信息不对称可能带来的版权纠纷和争端。透明的版权信息管理也有助于建立信任，促使各方更愿意参与数字资源的交易和使用。

最后，区块链技术提供了更为高效的版权管理手段。传统的版权交易可能需要通过多个中介、烦琐的合同和复杂的审批流程，而区块链的智能合约功能使得这一过程能够自动化执行。智能合约可以根据设定的规则和条件自动执行版权交易，减少了人为介入和交易成本，提高了版权管理的效率。

3.区块链对数字资源分享与利用的影响

首先，区块链技术对数字资源分享与利用的影响体现在其透明性和可追溯性上。在传统的数字资源共享中，由于信息不对称和中介机构的存在，可能存在不透明的情况，使得参与方难以获得充分的信息，增加了信任成本。而区块链通过其去中心化的特点，使得数字资源的流通过程变得透明，所有参与方都可以查看链上的交易记录。这种透明性有助于建立信任，减少信息不对称，从而推动数字资源的更加高效共享。

其次，区块链技术提供了更为安全和可信的数字资源分享机制。由于区块链的不可篡改性和分布式存储特性，数字资源的交易记录无法被篡改，参与者可以追溯到每一次的交易历史。这为数字资源的合法使用提供了更高的可信度，降低了盗版和非法分享的可能性。数字资源的版权和使用情况可以被安全地嵌入到区块链中，为权利方提供了更为可靠的保护机制。

再次，区块链技术通过智能合约的应用，实现了数字资源利用的自动化和智能化。智能合约可以根据设定的规则和条件自动执行数字资源的分发、许可和使用。例如，在图书馆领域，数字图书的借阅和还书可以通过智能合约自动完成，减少人为的中介和操作环节，提高了数字资源利用的效率。这种自动化机制使得数字资源的管理更为高效和智能。

最后，区块链技术为数字资源的分享和利用提供了更为开放的平台。由于区块链的去中心化特性，数字资源的管理不再依赖于传统的中心化机构，而是通过网络上的多个节点参与共同完成。这为各方提供了更为开放和公平的数字资源交流平台，促进了更广泛的数字资源共享。此外，数字资源的版权信息和使用情况都可以通过区块链网络透明地展示，使得数字资源共享更具可信度和合法性。

（二）数字化资源的知识产权保护

1.知识产权保护的重要性

首先，数字化资源的知识产权保护至关重要，因为它涉及对创作者和版权持有者的公平回报。在数字时代，数字化资源可以轻松复制和传播，而这也增加了侵权盗版的风险。图书馆管理者必须认识到，如果知识产权不受保护，创作者和版权持有者可能失去对其作品的控制和经济权益。因此，确保数字化资源的知识产权得到有效保护对于维护创作者权益、激发创作积极性至关重要。

其次，侵权盗版是数字化资源知识产权保护中的一个主要挑战。数字时代的图书馆管理面临着来自未经授权的复制和分发的威胁。盗版行为可能导致数字资源的非法传播和使用，损害创作者的创造性劳动成果，同时也对图书馆提供合法服务的可持续性构成威胁。因此，研究应该深入探讨如何在数字化环境中有效应对盗版行为，确保数字化资源的合法使用和创作者的权益。

再次，数字水印破解是另一个知识产权保护领域的挑战。数字水印通常被用于追踪和保护数字资源的知识产权，但技术手段的不断发展使得破解数字水印变得更为容易。这可能导致数字资源在未经授权的情况下被滥用，影响创作者和版权持有者的权益。因此，研究应当关注数字水印技术的创新，以及如何采用更加先进的数字水印技术来提高知识产权的保护效果。

最后，数字化资源的知识产权保护关系到数字时代图书馆服务的可持续性。如果数字资源的知识产权得不到有效的保护，创作者和版权持有者可能会减少向图书馆提供数字化内容的意愿。这将影响图书馆提供高质量数字资源的能力，也可能降低读者对图书馆的信任度。因此，保护数字化资源的知识产权不仅关系到创作者和版权持有者的权益，也直接影响到图书馆作为知识传播机构的核心功能。

2. 技术手段与法律手段的结合应用

首先，技术手段的应用是数字化资源知识产权保护的重要组成部分。数字水印技术是其中的一项关键技术，通过在数字资源中嵌入不可见的标识符，实现对资源的身份追踪和保护。这种技术可以帮助防范盗版行为，对于确保数字资源的版权归属和合法使用提供了一定的保障。此外，版权识别技术可以通过对比数字资源的特征，辨别出是否存在侵权行为，有助于及时发现和制止非法传播。

其次，法律手段在数字化资源知识产权保护中具有不可替代的作用。制定和完善相关法律法规，如著作权法、数字版权法等，可以为数字资源提供法定的保护措施。这包括对侵权行为的法律责任追究、维权途径的设立以及对侵犯知识产权的行为进行法律制裁。通过法律手段，可以构建一个明确的法律框架，为数字资源的知识产权提供法律支持和保障。

再次，将技术手段和法律手段有机结合是未来研究的重要方向。技术手段的不断创新和法律法规的不断完善应该相互协调，形成一个全面的保护体系。例如，技术手段可以通过提高数字水印的抗破解性、加强版权识别技术的准确性等方面的创新，提高数字资源知识产权的保护水平。与此同时，法律手段可以通过更新法规、强化执法力度等方式，及时应对新型侵权行为，保护创作者和版权持有者的权益。

最后，建议加强国际合作，通过共享技术经验和法律经验，共同应对数字化资源知识产权保护的全球性挑战。因为数字化资源的传播和使用已经超越国界，跨国合作将有助于形成更为完备的知识产权保护体系。在国际层面，可以探索建立跨国数字资源知识产权保护的合作机制，推动各国通过技术创新和法律法规的协同发展，实现数字资源知识产权的全球有效保护。

3. 促进合法使用与分享的机制

首先，为促进数字化资源的合法使用与分享，可以通过建立更加公平合理的数字资源获取机制来实现。这包括制定透明、公正的数字资源获取政策，确保各类用户在获取数字资源时都能享有平等的机会。例如，图书馆可以制定明确的数字资源许可协议，确保对不同用户群体提供合理的使用权限，以满足不同需求。

其次，通过建立灵活的数字资源许可模式，可以更好地平衡知识产权保护和用户需求。采用不同的许可方式，如短期授权、长期授权、按需许可等，以适应不同用户的需求和使用场景。这种差异化的许可模式既保护了知识产权，又提供了更灵活的使用选择，有助于更好地满足用户多样化的需求。

再次，通过推动数字资源共享平台的建设，可以促进数字化资源的广泛流通。建立开放的数字资源共享平台，使不同机构、个人能够共享其数字资源，并通过统一的访问接口实现对资源的便捷获取。这种机制有助于打破信息孤岛，促进数字资源在社会各个领域的共享与传播。

最后，鼓励知识产权保护下的创新商业模式，以实现数字化资源的可持续利用。通过创新型的商业模式，例如基于订阅、捐赠、赞助等方式，为数字资源的创作者和提供者提供合理的经济回报，激发其创作积极性，同时确保用户能够以更加灵活的方式获取和使用数字资源。

二、跨领域研究数字时代图书馆员的培训体系

（一）图书馆员职责的拓展

1. 数字时代图书馆服务的拓展趋势

首先，数字时代图书馆服务的拓展趋势表现在服务形式的多元化。传统的图书借阅服务已经不能完全满足读者的需求，数字时代图书馆通过引入多种服务形式，如数字资源检索、在线阅读、远程参与图书馆活动等，使得读者能够更加便捷地获取信息和参与图书馆的文化活动。这多元化的服务形

式有助于提高图书馆服务的灵活性和个性化，满足不同读者群体的需求。

其次，数字时代图书馆服务的拓展还体现在数字化技术的广泛应用。图书馆员不仅需要具备传统图书管理的知识，还需要掌握数字化技术的应用，包括数字图书馆系统的维护、数字资源的处理与管理、数据库查询等技能。数字技术的应用使得图书馆能够更高效地管理和传播信息，同时也为读者提供了更为便捷的服务体验。

再次，数据管理成为数字时代图书馆服务的重要组成部分。随着信息爆炸式增长，图书馆需要有效地管理和利用大量的数字化数据。图书馆员需要具备数据分析和管理的能力，以更好地理解读者需求、优化图书馆服务、推动数字资源的发展。数据管理的拓展趋势使得图书馆服务更具智能化和精细化，更好地满足读者的个性化需求。

最后，数字时代图书馆服务的拓展还表现在数字资源的充实和多样性。图书馆不仅提供传统的纸质书籍，还通过数字化手段收纳和管理丰富的数字资源，包括电子书、在线期刊、多媒体资料等。这种数字资源的多样性不仅丰富了图书馆的藏书，也为读者提供了更广泛的知识获取渠道。数字时代图书馆通过数字资源的充实，更好地满足了读者对多样化、深度学习的需求。

2. 多元化服务需求的崛起

首先，多元化服务需求的崛起反映在数字化资源的获取方面。读者在数字时代对多样化的数字资源有着不同层次的需求，包括电子书、在线期刊、学术数据库等。图书馆需要通过与出版商、数字资源提供商的合作，不断扩充数字馆藏，以满足读者对于各种领域、各层次的知识的获取需求。数字资源的广泛涵盖将为读者提供更多选择，使他们能够更全面地拓展知识领域。

其次，多元化服务需求还表现在个性化服务的提供上。随着读者群体的多样化，他们对于服务的个性化需求逐渐凸显。图书馆需要通过采用智能化系统、数据分析技术，深入了解读者的兴趣和阅读习惯，从而提供更符合个体需求的服务。例如，个性化的推荐系统可以根据读者的阅读历史为其推荐更符合兴趣的图书或学术资源，提高服务的精准性和贴近度。

再次，信息技术支持成为满足读者需求的重要组成部分。随着数字化服务的不断深入，图书馆员需要具备丰富的信息技术知识，能够应对读者在数字时代面临的技术问题。为此，培训图书馆员的信息技术素养变得尤为重要，以确保他们能够有效地解答读者关于数字资源使用、技术故障等方面的问题，提高服务质量和效率。

最后，图书馆员需要不断更新自身的知识和技能。随着数字时代的快速发展，图书馆服务的多元化和数字化要求图书馆员具备更广泛的知识面和更灵活的工作方式。图书馆员需要关注行业前沿的发展趋势，学习新的技术和服务模式，不断提升自己的综合素质，以更好地适应多元化服务需求的崛起。

（二）综合素质的培养

1.培养信息技术能力

首先，多元化服务需求的崛起反映在数字化资源的获取方面。读者在数字时代对多样化的数字资源有着不同层次的需求，包括电子书、在线期刊、学术数据库等。图书馆需要通过与出版商、数字资源提供商的合作，不断扩充数字馆藏，以满足读者对于各种领域、各层次的知识的获取需求。数字资源的广泛涵盖将为读者提供更多选择，使他们能够更全面地拓展知识领域。

其次，多元化服务需求还表现在个性化服务的提供上。随着读者群体的多样化，他们对于服务的个性化需求逐渐凸显。图书馆需要通过采用智能化系统、数据分析技术，深入了解读者的兴趣和阅读习惯，从而提供更符合个体需求的服务。例如，个性化的推荐系统可以根据读者的阅读历史为其推荐更符合兴趣的图书或学术资源，提高服务的精准性和贴近度。

再次，信息技术支持成为满足读者需求的重要组成部分。随着数字化服务的不断深入，图书馆员需要具备丰富的信息技术知识，能够应对读者在数字时代面临的技术问题。为此，培训图书馆员的信息技术素养变得尤为重要，以确保他们能够有效地解答读者关于数字资源使用、技术故障等方面的问题，提高服务质量和效率。

最后，图书馆员需要不断更新自身的知识和技能。随着数字时代的快速发展，图书馆服务的多元化和数字化要求图书馆员具备更广泛的知识面和更灵活的工作方式。图书馆员需要关注行业前沿的发展趋势，学习新的技术和服务模式，不断提升自己的综合素质，以更好地适应多元化服务需求的崛起。

2. 培养团队协作能力

首先，培养图书馆员的团队协作能力需要建立跨部门的沟通和合作机制。通过定期的跨部门会议、沟通渠道的畅通，图书馆不同部门的成员能够更加了解彼此的工作内容、目标和需求。建立协作机制，使各个部门能够更紧密地协同工作，共同实现图书馆的整体目标。

其次，制定明确的工作流程和团队合作标准。建立清晰的工作流程和标准操作规范有助于减少信息交流的误差，提高工作效率。图书馆可以通过编制团队合作手册、培训课程等方式，确保所有团队成员对于工作流程和合作标准有着一致的理解。这有助于降低团队协作的摩擦和误解，提高整体工作效能。

再次，建立跨部门的团队建设活动，促进员工之间的合作和默契。这可以包括定期的团队培训、团队建设活动、跨部门合作项目等。通过这些活动，图书馆员能够更好地了解其他部门成员的工作风格和特长，加强彼此之间的信任和合作关系。这种团队建设活动有助于打破部门之间的壁垒，促进全员的团队协作能力的提升。

最后，引入团队协作评价机制，通过定期的绩效评估和团队协作能力的评价，激励和奖励那些在团队协作中表现出色的成员。这可以通过建立相关的绩效指标、开展360度评价、组织团队评估等方式实现。通过明确的评价机制，可以激发团队成员的积极性，推动整个图书馆团队的协作水平不断提升。

3. 培养创新意识

首先，培养图书馆员的创新意识需要建立一个鼓励创新的文化氛围。图书馆管理层应该倡导并支持创新，为图书馆员提供尝试新想法的空间和机会。通过组织创意工坊、定期的创新分享会等方式，鼓励图书馆员分享和讨论他们的创新理念，促使创新文化深度融入图书馆工作中。

其次，建立跨学科的合作机制，促进不同领域之间的交流和合作。创新往往来自不同领域的碰撞和交流，因此，图书馆可以鼓励图书馆员参与跨学科的研究和项目合作。这可以通过建立合作平台、举办跨学科论坛等方式实现。跨学科的合作不仅能够激发创新思维，还有助于形成更全面、多维度的解决方案。

再次，提供创新培训和资源支持。图书馆可以组织创新培训课程，包括创新思维方法、设计思维等相关内容，帮助图书馆员掌握创新的基本理念和方法。同时，为图书馆员提供创新项目的资源支持，包括技术设备、研究经费等，鼓励他们积极参与创新实践。

最后，建立创新成果的认可和激励机制。为了激励图书馆员的创新行为，图书馆可以设立创新奖励制度，对于那些提出并实施成功的创新项目进行认可和奖励。这不仅是一种激励手段，还可以形成一个良性的创新竞争氛围，推动图书馆服务不断更新。

三、全面考察数字时代读者需求的变化

（一）不同群体的需求特点

1. 考察数字时代不同年龄段读者的需求

首先，进行针对不同年龄段读者的详细调查和分析是了解他们需求的

关键。采用定量和定性的研究方法，包括问卷调查、深度访谈、焦点小组讨论等，以全面、深入地了解不同年龄段读者的信息需求、阅读偏好、使用习惯等方面的特点。通过这样的研究，可以建立起对不同年龄段读者群体的详细画像，为图书馆提供有力的数据支持。

其次，针对调查结果，制定相应的服务策略。基于对不同年龄段读者需求的深刻理解，图书馆可以有针对性地制定服务策略，包括数字化资源的丰富性、社交化阅读平台的搭建等。对于年轻读者，可以推出更多与社交媒体整合的数字化服务，如在线书评、社群分享功能等。对于老年读者，可以加强传统文化类资源的采集和推广，提供更多的线下活动和社交空间，满足他们对传统阅读和社交的需求。

再次，推动数字化服务的普及和培训。根据不同年龄段读者的数字素养水平和接受程度，图书馆可以设计相关的培训课程，提升读者对数字化服务的认知和使用能力。针对年轻一代，可以开展专门的数字技能培训，教授他们更高效利用数字资源的方法。对于老年读者，可以提供渐进式的数字化培训，逐步引导他们适应数字时代的服务模式。

最后，建立反馈机制，持续优化服务。图书馆应该建立起与读者的紧密联系，通过定期的反馈收集机制，了解读者对数字化服务的满意度、意见和建议。根据反馈结果，及时调整和优化服务，确保数字化服务不断地适应不同年龄段读者的需求变化。

2. 考察不同职业群体的需求

首先，深入调查不同职业群体的信息需求。通过采用定量和定性的研究方法，如问卷调查、深度访谈、焦点小组等，全面了解学生群体和职场人士在信息需求方面的差异。定量数据可以提供对需求的整体了解，而定性数据则有助于深入挖掘背后的原因和动机。通过这些方法，可以获取详细的数据，包括他们对不同类型信息资源的需求、信息获取的偏好、信息利用的目的等。

其次，制定差异化的数字化服务策略。根据调查结果，图书馆可以制定差异化的服务计划，以更好地满足学生群体和职场人士的需求。对于学生群体，可以强化学科数据库的建设，提供学术写作支持、文献检索指导等服务。而对于职场人士，可以重点关注实用性较强的数字资源，如职业培训资料、行业趋势分析报告等。

再次，推动数字化服务的普及和培训。不同职业群体的数字素养水平有所差异，因此需要有针对性地进行数字技术培训。对于学生群体，可以提供基础的数字资源利用培训，帮助他们更好地利用图书馆的数字化服务。而对于职场人士，可以开设高级的数字技术应用培训，以满足他们对更专业信息的需求。

最后，建立定期的反馈机制。与学生群体和职场人士建立紧密的联系，建立反馈渠道，了解他们对服务的满意度和改进建议。通过及时的反馈，图书馆可以更好地调整和优化服务，确保服务一直符合不同职业群体读者的需求。

3. 文化背景的影响

首先，通过深入地文化调查和分析，了解不同文化背景读者的阅读需求和习惯。采用多种研究方法，如文献综述、田野调查、深度访谈等，对不同文化背景的读者进行全面的调查。通过收集和分析数据，可以揭示不同文化背景读者在阅读偏好、主题关注、语言选择等方面的差异。这样的深入调查为图书馆提供了更准确的信息，有助于更好地满足不同文化背景读者的需求。

其次，制定差异化的服务策略，以更好地服务不同文化背景的读者。基于文化调查的结果，图书馆可以制定差异化的数字化服务策略，包括图书馆藏的文化多样性、多语言资源的提供、文化活动的组织等。通过提供更具针对性的服务，可以增进不同文化背景读者的体验和参与感。

再次，加强跨文化沟通和合作。在数字时代，图书馆需要面对来自不同文化背景读者的复杂需求。因此，图书馆员需要具备跨文化沟通和合作的能力。未来的研究可以关注图书馆员的跨文化培训和技能提升，使其更好地理解并满足不同文化背景读者的需求。通过促进跨文化沟通，图书馆可以更好地服务多元文化社会。

最后，建立文化共享平台，促进文化交流。数字化时代为图书馆提供了更广泛的文化交流渠道。图书馆可以通过建立文化共享平台，促进不同文化背景读者之间的交流和互动。这可以包括在线文化展览、虚拟文化活动、多语言社交媒体平台等。通过这样的平台，图书馆可以打破地域和语言的限制，促进全球范围内不同文化的交流。

（二）服务策略的个性化定制

1. 利用数据分析技术

首先，深入挖掘读者的阅读历史。公共图书馆可以通过先进的数据分析技术对读者的阅读历史进行深入挖掘。这包括对读者借阅过的图书、浏览过的数字资源、参与过的图书馆活动等方面的数据进行详细分析。通过对这些数据的综合分析，图书馆可以更全面地了解每位读者的阅读兴趣、偏好和领域偏好，为个性化服务提供有力的数据基础。

其次，利用搜索记录揭示读者需求。数据分析技术还可以深入挖掘读者的搜索记录，了解他们关心的主题、领域和问题。这可以通过分析读者在图书馆系统中的搜索关键词、检索历史等信息来实现。透过搜索记录，图书馆能够洞察到读者更为具体的信息需求，为其提供更加贴近实际需求的服务。

再次，建立个性化推荐系统。基于数据分析的结果，公共图书馆可以建立个性化推荐系统，为每位读者提供定制化的图书、文章、活动等推荐。这需要采用机器学习算法，根据读者的阅读历史和搜索记录不断优化推荐结果。通过个性化推荐系统，图书馆可以在海量的信息资源中为读者精准地筛选出符合其兴趣的内容，提高阅读体验的个性化程度。

最后，实施精准营销策略。借助数据分析技术，图书馆可以制定精准的营销策略，针对不同群体推出特定主题的活动、展览、讲座等。通过精准的定向营销，图书馆能够更好地吸引读者的注意，增加其参与图书馆活动的兴趣，实现服务的精准对接。

2. 智能化技术的应用

首先，深入研究人工智能和机器学习在公共图书馆中的应用。通过对人工智能和机器学习技术的深入研究，了解其在图书馆管理、读者服务、资源推荐等方面的具体应用。可以探讨不同人工智能算法和模型在图书馆场景中的效果和适用性，以及其对提高图书馆服务效率和质量的潜在贡献。

其次，分析智能化技术在图书馆中的优势和挑战。研究可以深入分析智能化技术在公共图书馆应用中的优势，如提高服务效率、精准读者需求预测、个性化推荐等。同时，也需要关注智能化技术可能面临的挑战，如隐私保护、算法公正性等问题。通过全面评估技术的利弊，可以为图书馆决策者提供更明智的选择和实施策略。

再次，设计实证研究，验证智能化技术在实际图书馆环境中的效果。通过实地调查和实际操作，验证人工智能和机器学习等智能化技术在公共图书馆中的可行性和效果。可以选择一些具体的图书馆作为实证研究对象，分析其在引入智能化技术后服务水平、读者满意度、资源利用率等方面的变化。

最后，提出智能化技术在公共图书馆中的可持续发展策略。在研究结论中，应提出智能化技术在公共图书馆中的可持续发展策略，包括技术更新、人才培养、政策法规等方面的建议。这有助于图书馆更好地整合智能化技术，不仅提升当前服务水平，还能为未来的数字化服务发展奠定坚实基础。

参 考 文 献

[1] 韩静金 . 公共图书馆阅读推广难点以及发展趋势探究 [J]. 传媒论坛，2019(04):138–139.

[2] 孙峰斌，初玉英，姜源 . 新时代公共图书馆在全民阅读促进工作中的作用研究——以莱州市图书馆为例 [J]. 人文天下，2018(09):37–41.

[3] 朴雪 . 我国公共图书馆助推全民阅读中的价值与实施路径分析 [J]. 现代经济信息，2017(23):358–359，378.

[4] 龚秀琦 . 新加坡公共图书馆全民阅读推广活动特点和策略分析 [J]. 内蒙古科技与经济，2017(24):104–106，109.

[5] 许正兴 . 后现代认识论转向下的高职智慧图书馆服务模式建构与实践探究 [J]. 新世纪图书馆，2020(03):45–48+56.

[6] 田丽梅 .5G 时代智慧图书馆知识服务的变革 [J]. 图书馆刊，2020，(11):80–83.

[7] 尤朝莉，李中永，许郑等 . 高职院校智慧图书馆系统建设研究 [J]. 大学图书情报学刊，2020(05):114–116+121.

[8] 卢小宾，宋姬芳，蒋玲等 . 智慧图书馆建设标准探析 [J]. 中国图书馆学报，2021(01):15–33.

[9] 邵波，单轸，王怡 . 新一代服务平台环境下的智慧图书馆建设 : 业务重组与数据管理 [J]. 中国图书馆学报，2020(02):27-37.

[10] 柯平，邹金汇 . 后知识服务时代的图书馆转型 [J]. 中国图书馆学报，2019(01):4.

[11] 曾子明，宋扬扬 . 面向读者的智慧图书馆嵌入式知识服务探析 [J]. 图书馆，2017(03):84-89，100.

[12] 崔海兰，姚牟媛 . 移动网络环境下智慧图书馆的服务模式研究 [J]. 情报探索，2018(09):107-111.

[13] 曹健，高妍，于宁等 . 高校图书馆在非物质文化遗产传承与传播中的策略研究 [J]. 华北理工大学学报 (社会科学版)，2020(02):140-144.

[14] 王小卫 . 图书馆传承弘扬中华优秀传统文化的路径研究 [J]. 四川省社会主义学院学报，2016(03):39-41.

[15] 陈婷婷 . 高校图书馆传承传统文化的作用与实现途径 [J]. 内蒙古科技与经济，2017(08):115-116.

[16] 任娟莉，王若鸿 .5G 布局下图书馆多场景 VR 服务构建 [J]. 出版广角，2019(18) : 70-73.

[17] 孔繁超 . 基于数字孪生技术的智慧图书馆空间重构研究 [J]. 情报理论与实践，2020(02) : 21-31.

[18] 秦晓珠，张兴旺 . 数字孪生技术在物质文化遗产数字化建设中的应用 [J]. 情报资料工作，2018(02) : 103—111.

[19] 武洪兴 . 基于物联网的智慧图书馆应用构想 [J]. 图书馆工作与研究，2020(03) : 85-91.

[20] 储荷婷 . 图书馆情报学主要研究方法：了解、选择及使用 [J]. 图书情报工作，2019，63(01) : 146-152.

[21] 司莉，陈金铭，马天怡等 . 近五年我国图书情报学研究方法应用与

演化的实证研究——基于 5 种期刊的统计分析 [J]. 图书馆，2019(06)：15–21.

[22] 武建鑫 . 基于共词分析的协同创新研究态势探析 [J]. 现代情报，2014，34(05)：124–130.